¿DÓNDE ESTÁ WALLY?

EDICIÓN ESENCIAL

MARTIN HANDFORD

B DE BLOK

¡HOLA, BUSCADORES DE WALLY!

¿ESTÁIS LISTOS PARA APUNTAROS A ESTAS CINCO FANTÁSTICAS AVENTURAS?

¿DÓNDE ESTÁ WALLY?
¿DÓNDE ESTÁ WALLY AHORA?
¿DÓNDE ESTÁ WALLY? EL VIAJE FANTÁSTICO
¿DÓNDE ESTÁ WALLY? EN HOLLYWOOD
¿DÓNDE ESTÁ WALLY? EL LIBRO MÁGICO

ENCONTRAD A LOS CINCO INTRÉPIDOS VIAJEROS Y SUS PRECIADOS ARTÍCULOS EN CADA ESCENA

ODLAW   MAGO BARBABLANCA   WENDA   WOOF   WALLY

 LA LLAVE DE WALLY   EL HUESO DE WOOF   LA CÁMARA DE WENDA

EL PERGAMINO DEL MAGO BARBABLANCA    LOS PRISMÁTICOS DE ODLAW

ESPERAD, ¡AÚN HAY MÁS! AL PRINCIPIO Y AL FINAL DE CADA AVENTURA, ENCONTRARÉIS UNA LISTA DESPLEGABLE CON CIENTOS DE COSAS PARA BUSCAR.

¡CARAY! ¡MENUDA BÚSQUEDA!

¡BUEN VIAJE!

Wally

¡HOLA AMIGOS!
ME LLAMO WALLY. VOY A RECORRER EL
MUNDO. PODÉIS ACOMPAÑARME, SI LO
DESEÁIS. LO ÚNICO QUE DEBÉIS HACER ES
ENCONTRARME.
LLEVO CONMIGO CUANTO NECESITO: UN
BASTÓN, UNA TETERA, UN MARTILLO, UNA
TAZA, UNA MOCHILA, UN SACO DE DORMIR,
UNOS PRISMÁTICOS, UNA MÁQUINA DE
FOTOGRAFIAR, UNAS GAFAS PARA BUCEAR,
UN CINTURÓN, UN BOLSO Y UNA PALA.
NO VIAJO SOLO. DONDEQUIERA QUE
VAYA, ENCONTRARÉIS UN MONTÓN DE
PERSONAJES PARA BUSCAR. PRIMERO
ESTÁ WOOF (AUNQUE SOLO SERÉIS
CAPACES DE VERLE LA COLA), WENDA, EL
MAGO BARBABLANCA, Y ODLAW. ADEMÁS,
VEINTICINCO BUSCADORES DE WALLY SE
ENCUENTRAN EN ALGUNA PARTE. CADA
UNO APARECE SOLO UNA VEZ EN MIS
VIAJES. ¿ENCONTRARÉIS QUIÉN ES EL QUE
APARECE EN CADA UNA DE LAS ESCENAS?
EN CADA DOBLE PÁGINA PODRÉIS, ADEMÁS,
BUSCAR MI LLAVE, EL HUESO DE WOOF, LA
CÁMARA DE FOTOGRAFIAR DE WENDA, EL
PERGAMINO DEL MAGO BARBABLANCA Y
LOS PRISMÁTICOS DE ODLAW.

¡GUAU! ¡MENUDA BÚSQUEDA!

Wally

¿DÓNDE ESTÁ WALLY? CHECKLIST: PRIMERA PARTE

¡Cientos de cosas por buscar! ¡Y al final de esta aventura MÁS!

EN LA CIUDAD

- [ ] Un perro en un tejado
- [ ] Un hombre en una fuente
- [ ] Un hombre tropezando con una correa
- [ ] Un accidente de coche
- [ ] Un barbero muy lanzado
- [ ] Gente en la calle mirando la «tele»
- [ ] Un pinchazo causado por una flecha
- [ ] Un músico que hace llorar
- [ ] Una planta que ataca a un niño
- [ ] Un sándwich
- [ ] Un camarero despistado
- [ ] Dos bomberos saludándose
- [ ] Una cara en la pared
- [ ] Un hombre saliendo de una alcantarilla
- [ ] Un hombre dando de comer a las palomas

EN LA PLAYA

- [ ] Un perro y sus amos con gafas de sol
- [ ] Un hombre muy abrigado
- [ ] Un hombre musculoso con una medalla
- [ ] Uno haciendo esquí acuático
- [ ] Un fotógrafo a rayas
- [ ] Una colchoneta pinchada
- [ ] Un burro al que le gusta el helado
- [ ] Un hombre aplastado
- [ ] Un balón de playa pinchado
- [ ] Una pirámide humana
- [ ] Tres personas leyendo el periódico
- [ ] Un cowboy
- [ ] Un burro humano
- [ ] Una radio
- [ ] Un escalón humano
- [ ] Una colchoneta roja
- [ ] Un anciano con una chica guapa
- [ ] Tres parasoles rojos y amarillos
- [ ] Dos hombres con camiseta y uno sin ella
- [ ] Una exhibición de castillos de arena
- [ ] Alguien con tirantes
- [ ] Un perro color crema
- [ ] Tres niños sacando la lengua
- [ ] Dos sombreros demasiado grandes
- [ ] Cinco corredores
- [ ] Una toalla con un agujero
- [ ] Un barco pinchado
- [ ] Un chico que no puede comer helado
- [ ] Dos gorras con viseras demasiado largas

EN LAS PISTAS DE ESQUÍ

- [ ] Un hombre leyendo en un tejado
- [ ] Un esquiador volando
- [ ] Un esquiador que no puede frenar
- [ ] Un esquiador que va al revés
- [ ] Un dibujo en la nieve
- [ ] Un pescador ilegal
- [ ] Cinco personas con bufandas a rayas
- [ ] Nieve a punto de caer sobre dos personas
- [ ] Tres esquiadores chocando con árboles
- [ ] Un cuerno alpino
- [ ] Dos banderas rotas
- [ ] Un coleccionista de banderas
- [ ] Cuatro personas con chaquetas amarillas
- [ ] Un esquiador en un árbol
- [ ] Un esquiador náutico en la nieve
- [ ] Un Yeti
- [ ] Dos renos esquiando
- [ ] Alguien que salta sobre el tejado
- [ ] Alguien que choca con cinco esquiadores

EN EL CÁMPING

- [ ] Un toro de hierba
- [ ] Un toro con bocinas
- [ ] Un tiburón en el canal
- [ ] Un niño toreando
- [ ] Una patada despreocupada
- [ ] Un hombre quemándose con té
- [ ] Un puente bajo
- [ ] Un hombre derribado por un mazo
- [ ] Un hombre desvistiéndose
- [ ] Una bicicleta a punto de pinchar
- [ ] Seis perros
- [ ] Un espantapájaros que no asusta
- [ ] Un tipi
- [ ] Bíceps grandes
- [ ] Tres campistas con barbas largas
- [ ] Una tienda caída
- [ ] Una barbacoa humeante
- [ ] Un pescador que pesca botas
- [ ] Una bicicleta con una rueda muy grande
- [ ] Un boy scout haciendo fuego
- [ ] Un excursionista con patines
- [ ] Un hombre hinchando un bote
- [ ] Excursionistas sedientos
- [ ] Unos corredores
- [ ] Un toro persiguiendo a dos personas
- [ ] Un mayordomo

EN LA ESTACIÓN

- [ ] Nueve palas
- [ ] Un carro con cinco maletas
- [ ] Gente golpeada por una puerta
- [ ] Un hombre a punto de pisar una pelota
- [ ] Tres horas distintas a la misma hora
- [ ] Un hombre en una carretilla
- [ ] Una cara dibujada en el tren
- [ ] Cinco personas leyendo un periódico
- [ ] Un forzudo que levanta una maleta
- [ ] Alguien tropezando con un perro
- [ ] Dos hombres con corbatas a rayas blancas y rojas
- [ ] Una locomotora que echa mucho humo
- [ ] Un hombre a punto de caer de un banco
- [ ] Un perro rasgando unos pantalones
- [ ] Un hombre sentado en su maleta
- [ ] Veinte vacas
- [ ] Alguien que no puede levantar su maleta
- [ ] Dos maletas que pierden su contenido
- [ ] Una báscula rota

EN ELAEROPUERTO

- [ ] Un platillo volante
- [ ] Un niño sentado en la cinta transportadora
- [ ] Una manguera que deja un charco
- [ ] Empleados jugando al bádminton
- [ ] Un cohete
- [ ] Una torre sobre la torre de control
- [ ] Tres traficantes de relojes
- [ ] Un trabajador que duerme en un avión
- [ ] Un elevador de cargas con un tenedor
- [ ] Un calcetín
- [ ] Alguien con un cubo y una pala
- [ ] Seis azafatas de azul claro
- [ ] Un avión con alas de cola enormes
- [ ] Un camión de bomberos y diez bomberos
- [ ] Dos pasajeros con sombreros blancos
- [ ] Un avión que no vuela
- [ ] Un as de la aviación
- [ ] Papel y lápiz
- [ ] Corredores en la pista
- [ ] Cinco hombres hinchando un globo
- [ ] Drácula
- [ ] Tres pilotos juguetones
- [ ] Dieciocho trabajadores con gorras amarillas

¡HOLA AMIGOS!
ME LLAMO WALLY. VOY A RECORRER EL
MUNDO. PODÉIS ACOMPAÑARME, SI LO
DESEÁIS. LO ÚNICO QUE DEBÉIS HACER ES
ENCONTRARME.
LLEVO CONMIGO CUANTO NECESITO: UN
BASTÓN, UNA TETERA, UN MARTILLO, UNA
TAZA, UNA MOCHILA, UN SACO DE DORMIR,
UNOS PRISMÁTICOS, UNA MÁQUINA DE
FOTOGRAFIAR, UNAS GAFAS PARA BUCEAR,
UN CINTURÓN, UN BOLSO Y UNA PALA.
NO VIAJO SOLO. DONDEQUIERA QUE
VAYA, ENCONTRARÉIS UN MONTÓN DE
PERSONAJES PARA BUSCAR. PRIMERO
ESTÁ WOOF (AUNQUE SOLO SERÉIS
CAPACES DE VERLE LA COLA), WENDA, EL
MAGO BARBABLANCA, Y ODLAW. ADEMÁS,
VEINTICINCO BUSCADORES DE WALLY SE
ENCUENTRAN EN ALGUNA PARTE. CADA
UNO APARECE SOLO UNA VEZ EN MIS
VIAJES. ¿ENCONTRARÉIS QUIÉN ES EL QUE
APARECE EN CADA UNA DE LAS ESCENAS?
EN CADA DOBLE PÁGINA PODRÉIS, ADEMÁS,
BUSCAR MI LLAVE, EL HUESO DE WOOF, LA
CÁMARA DE FOTOGRAFIAR DE WENDA, EL
PERGAMINO DEL MAGO BARBABLANCA Y
LOS PRISMÁTICOS DE ODLAW.

¡GUAU! ¡MENUDA BÚSQUEDA!
Wally

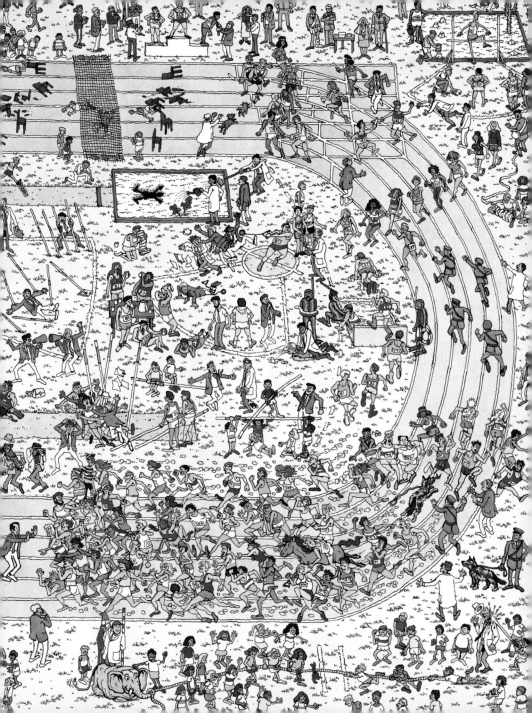

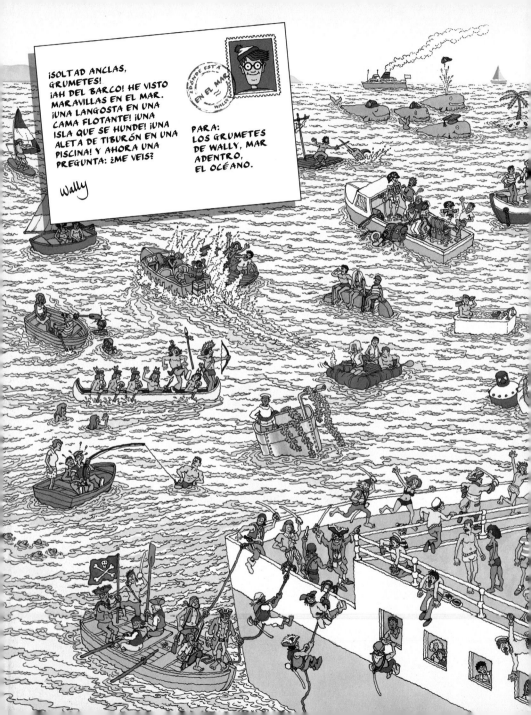

¡A DIVERTIRSE, AMIGOS! ¡GUAU! HE PERDIDO TODAS MIS COSAS, UNA EN CADA UNO DE LOS LUGARES QUE HE VISITADO. AHORA TENEMOS QUE VOLVER A EMPEZAR PARA ENCONTRARLAS. Y, EN ALGUNA PARTE, UN BUSCADOR DE WALLY HA PERDIDO LA BORLA DE SU SOMBRERO. ¿PODÉIS AVERIGUAR QUIÉN HA SIDO Y ENCONTRAR LA BORLA PERDIDA?

Wally

PARA:
LOS JUGUETONES DE WALLY, VUELTA A EMPEZAR, OTRA VEZ. ¡QUÉ DIVERTIDO!

¿DÓNDE ESTÁ WALLY?
CHECKLIST: SEGUNDA PARTE

EN EL ESTADIO

- [ ] Tres pares de pies saliendo de la arena
- [ ] Un *cowboy* dando la salida de una carrera
- [ ] Saltadores de vallas inexpertos
- [ ] Un lanzador de discos musicales
- [ ] Un malabarista de pesas
- [ ] Una trompetilla para el oído
- [ ] Un caballo que hace de potro
- [ ] Un corredor sobre dos ruedas
- [ ] Un paracaidista
- [ ] Un escocés con un tronco
- [ ] Un elefante tirando de una cuerda
- [ ] Personas derribadas por un martillo
- [ ] Un jardinero
- [ ] Tres hombres rana
- [ ] Un corredor sin pantalones
- [ ] Una cama
- [ ] Un niño vendado
- [ ] Un corredor con cuatro piernas
- [ ] Un saltador hundido
- [ ] Dos deportistas con toallas de rayas
- [ ] Un niño tirando agua
- [ ] Diez niños con quince piernas
- [ ] Un árbitro que persigue a un perro que persigue a un gato

EN EL MUSEO

- [ ] Un esqueleto muy grande
- [ ] Un payaso tirando agua
- [ ] Un niño en una catapulta
- [ ] Un nido en el cabello de una mujer
- [ ] Un bíceps que resalta
- [ ] Un retrato con el marco circular
- [ ] Un caballero mirando la televisión
- [ ] Unos ladrones de cuadros
- [ ] Una hilera de jarrones que caen
- [ ] Un bandolero
- [ ] Una acuarela que gotea
- [ ] Dos cuadros que pelean
- [ ] Un rey y una reina
- [ ] Un cuadro enfadado
- [ ] Tres hombres prehistóricos
- [ ] Una señora con una bufanda roja
- [ ] Aurigas
- [ ] Una columna a punto de caerse

EN EL MAR

- [ ] Un windsurfista
- [ ] Un bote pinchado por una flecha
- [ ] Un espadachín peleando con un pez espada
- [ ] Una escuela de ballenas
- [ ] Marineros mareados
- [ ] Un buzo chorreando agua
- [ ] Una bañera
- [ ] Un hombre barbudo con gafas de sol
- [ ] Un juego de tres en raya
- [ ] Un pescador afortunado
- [ ] Tres leñadores
- [ ] Pescadores sin suerte
- [ ] Dos esquiadores acuáticos en apuros
- [ ] Un *cowboy* de mar
- [ ] Ladrones de peces
- [ ] Una fotografía a un pez
- [ ] Piratas abordando un barco
- [ ] Un barco chino
- [ ] Una ola
- [ ] Un hombre estrangulado por un pulpo
- [ ] Un bote que ha chocado contra una boya

EN SAFARI PARK

- [ ] El arca de Noé
- [ ] Un mensaje en una botella
- [ ] Un hipopótamo al que le limpian los dientes
- [ ] Un nido en el asta de un ciervo
- [ ] Una jirafa hambrienta
- [ ] Un ladrón de helados
- [ ] Cebras cruzando por un paso de cebra
- [ ] Papá Noel y un reno
- [ ] Un unicornio
- [ ] Quince vigilantes del parque
- [ ] Los tres osos
- [ ] Gente enjaulada
- [ ] Un león conduciendo un coche
- [ ] Tarzán
- [ ] Cachorros de león
- [ ] Dos señoras con bolsos rojos
- [ ] Dos colas para los lavabos
- [ ] Un salón de belleza para animales
- [ ] Un elefante tirando agua

EN LOS GRANDES ALMACENES

- [ ] Un bebé de rojo en un cochecito
- [ ] Un hombre con las botas del revés
- [ ] Un hombre cargado con muchos paquetes
- [ ] Un aspirador muy peligroso
- [ ] Corbatas a juego con la gente que las lleva
- [ ] Un cochecito chocando contra un comprador
- [ ] Un niño probándose un sombrero de copa
- [ ] Un hombre probándose una chaqueta grande
- [ ] Una niña con un anorak rojo
- [ ] Un niño montado en una carretilla
- [ ] Un guante vivo
- [ ] Un comprador tropezando con una pelota

EN EL PARQUE DE ATRACCIONES

- [ ] Un cañón en una caseta de tiro
- [ ] Un auto de choque que se ha salido de la pista
- [ ] Diez aros de colores
- [ ] Un bandido manco
- [ ] Una muñeca de trapo
- [ ] Doce empleados de la feria con uniforme
- [ ] Un caballito que se escapa
- [ ] Seis pájaros
- [ ] Una casa encantada
- [ ] Siete niños y un perro perdidos
- [ ] Dos tanques que chocan
- [ ] Tres payasos
- [ ] Tres hombres disfrazados de oso

¡GUAU, MENUDA BÚSQUEDA!

¡Has encontrado a Wally, a todos sus amigos y todas las cosas que se han perdido? ¿Sabes en qué doble página Wally y Odlaw perdieron sus prismáticos? Los prismáticos de Odlaw son los que están más cerca de él. ¿Has encontrado al personaje extra que aparece en cada escena? Si, no, sigue buscando. ¡Guau! ¡Fantástico!

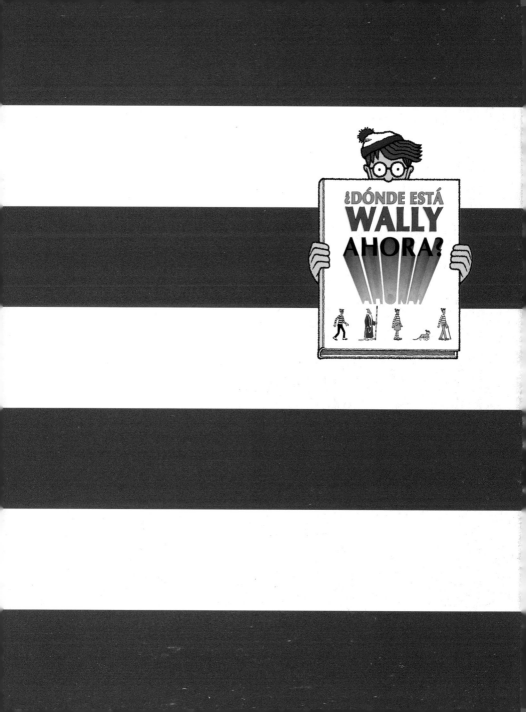

EL GIGANTESCO E INTERESANTÍSIMO LIBRO DEL HOMBRE DE LAS CAVERNAS, DE LA MUJER DE LAS CAVERNAS, DE LOS PERROS DE LAS CAVERNAS Y DE TODA CLASE DE BESTIAS SALVAJES DE LA EDAD DE PIEDRA.

¡HOLA, RATONES DE BIBLIOTECA! POR SI NO LO SABÉIS SE TRATA DE UNA HISTORIA FABULOSA Y DIVERTIDÍSIMA. HE ESTADO LEYENDO ESTOS LIBROS QUE HABLAN DE COSAS QUE PASARON HACE MUCHOS SIGLOS Y HA SIDO COMO VIAJAR EN UNA MÁQUINA DEL TIEMPO. ¿POR QUÉ NO LO PROBÁIS, SEGUIDORES DE WALLY? SOLO TENÉIS QUE BUSCARME EN CADA ESCENA Y A WOOF (RECORDAD QUE SOLO SE LE VE LA COLA), WENDA, EL MAGO BARBABLANCA Y ODLAW. DEBERÉIS ENCONTRAR TAMBIÉN MI LLAVE, EL HUESO DE WOOF (EN ESTA DOBLE PÁGINA ES EL HUESO QUE ESTÁ MÁS CERCA DE SU COLA), LA CÁMARA DE WENDA, EL PERGAMINO DEL MAGO BARBABLANCA Y LOS PRISMÁTICOS DE ODLAW.

ADEMÁS HAY 25 BUSCADORES DE WALLY. CADA UNO APARECE SOLO UNA VEZ A LO LARGO DE MIS VIAJES. ¡Y TODAVÍA OTRA COSA! ¿SERÉIS CAPACES DE ENCONTRAR A OTRO PERSONAJE, QUE NO APARECE AQUÍ ABAJO PERO QUE SOLO LO HACE UNA VEZ EN CADA ESCENA?

Wally

samente

ara
hombre
a un jabalí

o
guien

s embistiendo

ando un árbol
éisbol
n de pinturas rupestres
cabajo
juguetón
cción sobre dinosaurios
amilia desaliñada
zas de pescadores muy peligrosas

EL ENIGMA DE LAS PIRÁMIDES

- [ ] Un faraón escogiendo un sarcófago
- [ ] Una pirámide al revés
- [ ] Un niño que ayuda a pintar un mural
- [ ] Alguien con una capa roja
- [ ] Un conductor de carro sin carro
- [ ] Hombres llevando un mural dentro de otro
- [ ] Un grupo de dioses posando
- [ ] Seis trabajadores empujando una piedra
- [ ] Dos ayudantes mezclando pinturas
- [ ] Dátiles que caen de un árbol
- [ ] Piedras desafiando la gravedad
- [ ] Una esfinge sedienta
- [ ] Una piedra que cae
- [ ] Nueve escudos
- [ ] Alguien soplando un cuerno
- [ ] Un dibujo que dispara una flecha
- [ ] Tres transportadores de agua
- [ ] Dos que toman el sol en peligro
- [ ] Ordeñadores inexpertos
- [ ] Un animal al que acarician
- [ ] Pirámides de arena

JUEGOS Y DISTRACCIONES DE LA ANTIGUA ROMA

- [ ] Un auriga que ha perdido su carro
- [ ] Barrenderos del coliseo
- [ ] Lanceros en un encuentro desigual
- [ ] Un ganador a punto de perder
- [ ] Un león con modales a la hora de comer
- [ ] Unas ruedas mortales
- [ ] Leoncitos de los que se burlan
- [ ] Cuatro escudos con las caras de sus dueños
- [ ] Un leopardo persiguiendo una piel
- [ ] Leones con el pulgar hacia abajo
- [ ] Una pirámide de leones
- [ ] Un guerrero a caballito de otro
- [ ] Un músico horrible
- [ ] Un tridente muy doloroso
- [ ] Un caballo que lleva las riendas
- [ ] Un leopardo enamorado
- [ ] Un romano llevando las cuentas
- [ ] Un gladiador que pierde sus sandalias

DE VIAJE CON LOS VIKINGOS

- [ ] Un barco que se ríe
- [ ] Dos barcos enamorados
- [ ] Un hombre usado como arma
- [ ] Una oveja llorona
- [ ] Dos malos escondites
- [ ] Vikingos muy infantiles
- [ ] Tres lanzas cortadas
- [ ] Un águila que hace de casco
- [ ] Un marinero rompiendo una vela
- [ ] Un vikingo muy armado
- [ ] Una pareja andrajosa
- [ ] Una barba con un pie
- [ ] Un trasero ardiendo
- [ ] Un barco en forma de ese
- [ ] Tres barcos sorprendidos
- [ ] Dos cuernos enganchados
- [ ] Un casco vikingo con una araña
- [ ] Un casco vikingo de humo
- [ ] Un toro atacando

EL FIN DE LAS CRUZADAS

- [ ] Un soldado señalando un punto
- [ ] Un hombre a punto de ser catapultado
- [ ] Un puente humano
- [ ] Una llave fuera de alcance
- [ ] Un mensaje en una botella
- [ ] Un caldero de aceite hirviendo
- [ ] Un ariete humano
- [ ] Dos manos agarrando a un soldado
- [ ] Una catapulta que apunta al revés
- [ ] Seis defensores con zapatos rojos
- [ ] La colada
- [ ] Una lluvia de lanzas
- [ ] Un soldado durmiendo
- [ ] Una escalera demasiado corta
- [ ] Cruzados aplastados
- [ ] Rocas con caras
- [ ] Atacantes con rayas de color equivocado
- [ ] Cosquillas

ÉRASE UNA VEZ UN SÁBADO POR LA MAÑANA

- [ ] Un chorro de agua sucia
- [ ] Arqueros que no dan en la diana
- [ ] Un jinete sentado al revés
- [ ] Un perro acecha al gato que acecha a pájaros
- [ ] Un jinete que necesita mucha práctica
- [ ] Un hombre que hace bailar a un oso
- [ ] Un oso que hace bailar a un hombre
- [ ] Ladrones de frutas y verduras
- [ ] Gorros atados
- [ ] Un malabarista bromista
- [ ] Una cola de ladrones
- [ ] Un trago muy largo
- [ ] Una montura muy cargada
- [ ] Un caballero besado la mano de una dama
- [ ] Una guadaña que corta sombreros
- [ ] Un pez enfadado
- [ ] Una tortura divertida
- [ ] Juglares tocando muy mal

EL GIGANTESCO E INTERESANTÍSIMO LIBRO DEL HOMBRE DE LAS CAVERNAS, DE LA MUJER DE LAS CAVERNAS, DE LOS PERROS DE LAS CAVERNAS Y DE TODA CLASE DE BESTIAS SALVAJES DE LA EDAD DE PIEDRA.

¡HOLA, RATONES DE BIBLIOTECA! POR SI NO LO SABÉIS SE TRATA DE UNA HISTORIA FABULOSA Y DIVERTIDÍSIMA. HE ESTADO LEYENDO ESTOS LIBROS QUE HABLAN DE COSAS QUE PASARON HACE MUCHOS SIGLOS Y HA SIDO COMO VIAJAR EN UNA MÁQUINA DEL TIEMPO. ¿POR QUÉ NO LO PROBÁIS, SEGUIDORES DE WALLY? SOLO TENÉIS QUE BUSCARME EN CADA ESCENA Y A WOOF (RECORDAD QUE SOLO SE LE VE LA COLA), WENDA, EL MAGO BARBABLANCA Y ODLAW. DEBERÉIS ENCONTRAR TAMBIÉN MI LLAVE, EL HUESO DE WOOF (EN ESTA DOBLE PÁGINA ES EL HUESO QUE ESTÁ MÁS CERCA DE SU COLA), LA CÁMARA DE WENDA, EL PERGAMINO DEL MAGO BARBABLANCA Y LOS PRISMÁTICOS DE ODLAW.

ADEMÁS HAY 25 BUSCADORES DE WALLY. CADA UNO APARECE SOLO UNA VEZ A LO LARGO DE MIS VIAJES. ¡Y TODAVÍA OTRA COSA! ¿SERÉIS CAPACES DE ENCONTRAR A OTRO PERSONAJE, QUE NO APARECE AQUÍ ABAJO PERO QUE SOLO LO HACE UNA VEZ EN CADA ESCENA?

Wally

HACE
4.578
AÑOS

EL ЯNIGM
ODELOS
PIRÁMIDES

Los egipcios eran un pueblo muy interesante que gustaba de las cabras, gatos y esfinges. Inventaron las pirámides. Trabajaron mucho para edificar las pirámides en pleno desierto.

Pero hoy en día no se sabe por qué lo hicieron. ¿Eran patios de recreo para que jugaran las momias y los niños?

¿O se trataba de casas sin puertas ni ventanas? ¿Será cierto que en su interior enterraban a los faraones? Es lo mismo que preguntar por qué los camellos tienen joroba.

HACE 2.000 AÑOS

JVEGOS Y DISTRACCIONES DE LA ANTIGVA ROMA

Los romanos pasaban el tiempo peleando, conquistando, aprendiendo latín y construyendo carreteras. Cuando tomaban vacaciones iban a divertirse al coliseo (una especie de patio de recreo). Sus juegos favoritos eran la pelea, más peleas, las carreras de carros, más peleas y dar de comer cristianos a los leones. Cuando la gente señalaba con el pulgar hacia abajo, pedían la muerte del perdedor. Y cuando señalaban hacia arriba, le perdonaban la vida para que volviera a luchar otro día.

HACE 1.003 AÑOS

DE VIAJE CON LOS VIKINGOS

En su hogar, los vikingos son gente pacífica, que se dedica a tejer, comer queso y cosas por el estilo. Pero cuando viajan se vuelven peligrosos. Se ponen sus mejores cascos y se hacen a la mar. Si los veis venir, lo mejor es que salgáis corriendo, porque en cuanto desembarcan y desenvainan sus hachas, ya no hay quien pueda con ellos.

HACE 800 AÑOS

El fin de las cruzadas

Después de 200 años de agrias discusiones con los saladinos y los paladinos, que no querían indicarles el camino a Jerusalén, los cruzados se quedaron sin ropa interior limpia y tuvieron que volver a casa. En años sucesivos, contaron muchas historias sobre los bonitos castillos que habían sitiado y demolido, y de las encantadoras gentes que habían apedreado. Al fin y al cabo, las cruzadas sirvieron para algo.

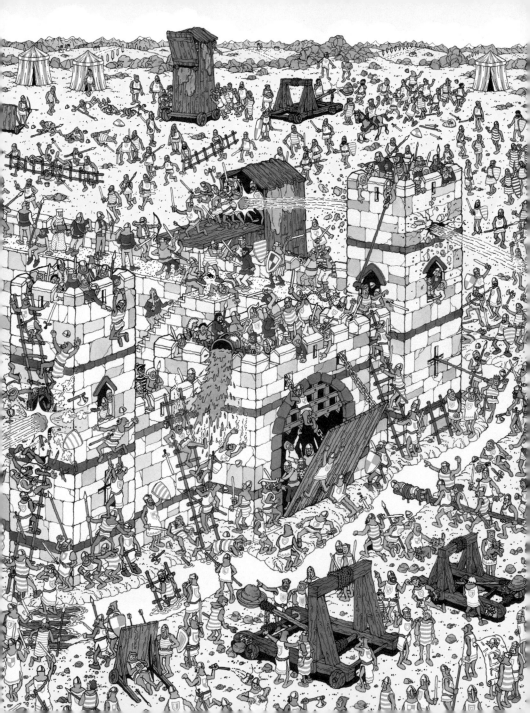

HACE 600 AÑOS

ÉRASE UNA VEZ UN SÁBADO POR LA MAÑANA

Fueron tiempos difíciles los de la Edad Media, sobre todo durante los sábados si te atrapaban. Los hombres vestían la moda masculina de entonces: faldilla corta y calzas rayadas. Todos sabían muchos chistes. Eran muy populares los malabaristas, las justas, el tiro con arco y los bufones. Pero si te metías en líos, la Edad Media podía ser terrible. Para aquellos que estaban en la picota o a punto de perder la cabeza, el sábado por la mañana no era muy divertido.

HACE 171.185 DÍAS

LOS ÚLTIMOS DÍAS DE LOS AZTECAS

Los aztecas vivían en el soleado México. Eran ricos y fuertes y les gustaba girar en el aire, colgados de un poste, imitando a las águilas. También hacían sacrificios humanos a los dioses, de manera que lo mejor era no contrariarles. Los españoles también eran ricos y fuertes, y algunos de ellos, llamados conquistadores, fueron a México en 1519 a vivir una aventura. Les pareció que los aztecas eran unos pesados con los que solo se podía discutir y pelear.

HACE 400 AÑOS

¿Es mejor el rojo que el azul? ¿Cómo que tu poema sobre las cerezas es mejor que el mío? ¿Nos tomamos otra taza de té? Por cuestiones tan graves como estas, los japoneses anduvieron a palos durante cientos de años. Sus más fieros guerreros fueron los samuráis, que llevaban banderas a la espalda para que el enemigo les reconociera. A los guerreros sin bandera les llamaban ashigaru. Al igual que los samuráis, les encantaba combatir y siempre había una razón para hacerlo.

LAS GUERRAS DEL ANTIGUO JAPÓN

HACE 250 AÑOS

LOS PIRATAS

(¡Al abordaje!)

Era superdivertido ser un pirata.
Sobre todo si uno era peludo y no
muy despierto. También tenía su
importancia una pata de palo, un
solo ojo, o dos narices y un sombrero
pirata con el plano de un

tesoro dentro del forro, y un machete
oxidado. En un momento dado
había muchos piratas, pero acabaron
muriéndose, porque la mayoría eran
hombres (lo que al final resultó un
desastre).

UNA FIESTA EN EL DESCOCADO PARÍS

HACE MÁS DE 100 AÑOS

La historia de Francia tiene su lado malo. Madame Guillotina te cortaba la cabeza durante la Revolución francesa. Y también tiene su lado bueno, como cuando inventaron el fragante queso. En 1870, Napoleón III dio una magnífica fiesta en París para celebrar que 1870 iba a ser un buen año. La crema y nata de

París estuvo bailando toda la noche a los sones de una banda llamada la Tercera República.

LA FIEBRE DEL ORO

A finales del siglo XIX, gran número de entusiasmados americanos andaban como locos haciendo agujeros en el suelo con la esperanza de encontrar oro. La mayor parte se quedaron con un palmo de narices, pero al menos lo pasaron estupendo, haciendo ejercicio y respirando aire puro, con una salud de hierro. Y la salud es más importante que el oro... Bueno, para algunos. ¿no?

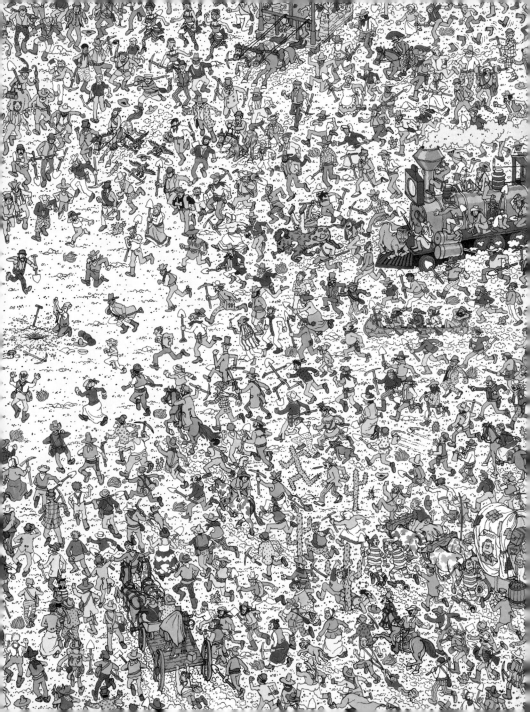

¡WALLY SE EXTRAVIÓ EN EL FUTURO! ¡ENCONTRADLO! ¡RESCATADLO! ¡LOS LIBROS DE WALLY SE PERDIERON EN EL PASADO! ¡ENCONTRADLOS! ¡RECUPERADLOS! ¡RESCATAD A WALLY! ¡RECUPERAD SUS LIBROS! ¿DÓNDE ESTÁ WALLY? ¿DÓNDE ESTÁ WALLY AHORA?

¿DÓNDE ESTÁ WALLY AHORA?
CHECKLIST: SEGUNDA PARTE

LA FIEBRE DEL ORO
- [ ] Un burro demasiado cargado
- [ ] Un cactus que corre
- [ ] Un hombre arrastrado por su caballo
- [ ] Unas botas que corren
- [ ] Herramientas que corren
- [ ] Un hombre que cae sobre un barril
- [ ] Un perro con un pico
- [ ] Un tren descarrilando
- [ ] Una canoa fuera del agua
- [ ] Un payaso en un monociclo
- [ ] Un hombre cabalgando un búfalo
- [ ] Buitres buscadores de oro
- [ ] Tres presidiarios escapados
- [ ] Un hombre que corre contra un cactus
- [ ] Una casa que se mueve
- [ ] Un hombre en un velocípedo
- [ ] Hombres en pijama
- [ ] Un hombre arrastrado por su perro
- [ ] Serpientes buscadoras de oro
- [ ] Un hombre haciendo fotografías
- [ ] Un caballo con un sombrero

LOS PIRATAS
- [ ] Una mujer espadachín
- [ ] Un gran empujón
- [ ] Un pirata pellizcado por un cangrejo
- [ ] Un pirata disparando desde una palmera
- [ ] Un trabuco con mucho retroceso
- [ ] Un pirata con cuatro pistolas y una espada
- [ ] Tiburones preparados para comer
- [ ] Una calavera con un parche
- [ ] Un cañonazo sin fuerzas
- [ ] Unos pies que asoman de un cañón
- [ ] Un mascarón de proa tímido
- [ ] Porrazos a tres bandas
- [ ] Una calavera guiñando un ojo
- [ ] Una criatura de ocho brazos
- [ ] Un nido
- [ ] Un hombre que repele una bala de cañón
- [ ] Un apretón de manos mortal
- [ ] Un barco en una bañera
- [ ] Un cofre vacío
- [ ] Un cargamento de pesos pesados
- [ ] Una tabla de surf humana

LOS ÚLTIMOS DÍAS DE LOS AZTECAS
- [ ] Unas plumas muy altas
- [ ] Aztecas dando vueltas
- [ ] Un conquistador tapándose los oídos
- [ ] Tres arqueros atacando a un hombre
- [ ] Dos dibujos mirándose
- [ ] Pelea por una bandera
- [ ] Gente mirando una bala de cañón
- [ ] Uno que toca el tambor
- [ ] Un misil humano
- [ ] Un caballo asustado
- [ ] Dientes amarillos
- [ ] Un conquistador besucón
- [ ] Águilas atacando
- [ ] Un niño robando a un ladrón
- [ ] Un juego de pelota azteca
- [ ] Una honda que da a muchas dianas

UNA FIESTA EN EL DESCOCADO PARÍS
- [ ] Bailarinas de can-can
- [ ] Dos músicos que se pelean
- [ ] Un hombre al que le pesan las medallas
- [ ] Dos mujeres que se esconden tras abanicos
- [ ] Un hombre a punto de sufrir dolor de cabeza
- [ ] Un hombre alto con una mujer bajita
- [ ] Un hombre atrapado por una estatua
- [ ] Invitados columpiándose en las lámparas
- [ ] Un hombre tocando el arco con el violín
- [ ] Un camarero derramando vino
- [ ] Unos pantalones enormes
- [ ] Un individuo muy mal vestido
- [ ] Una curiosa exhibición de armas
- [ ] Un hombre con muchos sombreros
- [ ] Una estatua insolente
- [ ] Un bailarín peligroso
- [ ] Un arpista disparando una flecha
- [ ] Una mujer a la que pisan el vestido

LAS GUERRAS DEL ANTIGUO JAPÓN
- [ ] Tres guerreros acorralados en un puente
- [ ] Guerreros con cuchillos en la boca
- [ ] Nueve guerreros con porras
- [ ] Una espada cortada por la mitad
- [ ] Un guerrero que se inclina hacia atrás
- [ ] Un luchador fuera de combate
- [ ] Un guerrero con una lanza rota
- [ ] Guerreros cayendo al río
- [ ] Guerreros corriendo bajo el puente
- [ ] Un caballo asustadizo
- [ ] Un guerrero pisoteado
- [ ] Dos bandas de ladrones de flechas
- [ ] Un disparo bajo un sombrero
- [ ] Una bandera llena de flechas
- [ ] Una lanza arrojada al revés

EL FUTURO
- [ ] Un satélite sonriente
- [ ] Mercurio
- [ ] Autoestopistas de la Galaxia
- [ ] Dos naves que van a chocar
- [ ] Un robot y su perro
- [ ] Un extraterrestre con seis vasos
- [ ] Humanos burlándose de un alienígena
- [ ] Dos robots sonrientes paseando juntos
- [ ] Sentados en Saturno
- [ ] Tres camareros robot
- [ ] Semáforos espaciales
- [ ] Un biplano
- [ ] Alienígenas burlándose de humanos
- [ ] Un aterrizaje forzoso
- [ ] La Osa Mayor
- [ ] Vestidos de época de este libro
- [ ] Platillos volantes
- [ ] Neptuno
- [ ] La Vía Lactea
- [ ] Una pelota marrón
- [ ] Un alienígena azul con la mano en el bolsillo

¡MENUDO MISTERIO!

¿Además de encontrar a Wally y a sus amigos, ¿habéis hallado todas las cosas que se han perdido? ¿Habéis encontrado al personaje misterioso que se esconde en cada escena? Quizá sea algo difícil, pero si seguís buscando puede que deis con él. Y un último comentario: uno de los buscadores de Wally ha perdido la borla de su gorro en alguna parte. ¿Puedes averiguar de quién se trata y encontrar la borla?

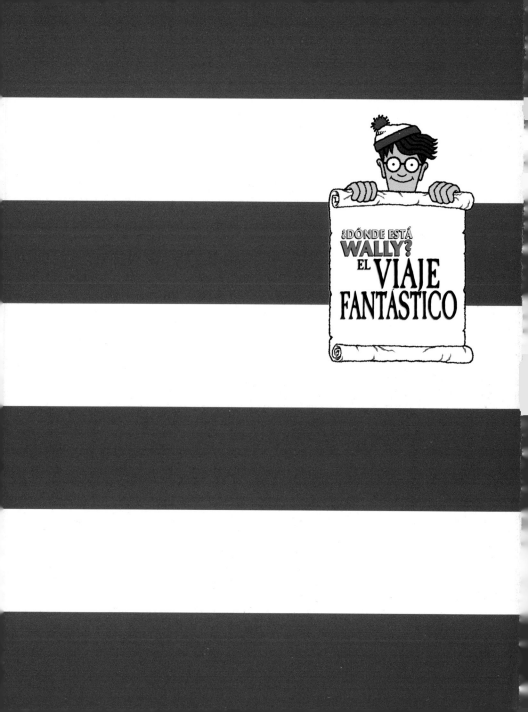

LOS GLOTONES

ÉRASE UNA VEZ QUE WALLY
EMPRENDIÓ UN VIAJE FANTÁSTICO.
PRIMERO FUE A PARAR ENTRE UNA
MULTITUD DE GLOTONES, DONDE
CONOCIÓ AL MAGO BARBABLANCA,
QUE LE ORDENÓ BUSCAR UN PERGAMINO EN CADA
UNA DE LAS ETAPAS DE SU VIAJE. AL ENCONTRAR
LOS DOCE PERGAMINOS COMPRENDERÍA
EL PROPÓSITO DEL VIAJE: SOLO ENTONCES
HALLARÍA LA VERDAD POR SÍ MISMO.
EN CADA ESCENA DEBÉIS ENCONTRAR A WALLY,
WOOF (RECORDAD QUE SOLO SE LE VE LA COLA),
WENDA, EL MAGO BARBABLANCA Y ODLAW.
DEBERÉIS ENCONTRAR TAMBIÉN MI LLAVE, EL
HUESO DE WOOF (EN ESTA DOBLE PÁGINA ES EL
HUESO QUE ESTÁ MÁS CERCA DE SU COLA), LA
CÁMARA DE WENDA, EL PERGAMINO DEL MAGO
BARBABLANCA Y LOS PRISMÁTICOS DE ODLAW.

ADEMÁS HAY 25 BUSCADORES DE WALLY. CADA
UNO APARECE SOLO UNA VEZ EN LAS DOCE
ESCENAS SIGUIENTES. ¡Y TODAVÍA OTRA COSA!
¿SERÉIS CAPACES DE ENCONTRAR A OTRO
PERSONAJE QUE NO APARECE AQUÍ ABAJO PERO
QUE LO HACE UNA VEZ EN CADA ESCENA
EXCEPTO EN LA ÚLTIMA?

¿DÓNDE ESTÁ WALLY? EL VIAJE FANTÁSTICO. CHECKLIST: PRIMERA PARTE

¡Cientos de cosas por buscar! ¡Y al final de esta aventura MÁS!

LOS GLOTONES

- [ ] Un camarero robusto y otro debilucho
- [ ] Olores a larga distancia
- [ ] Porciones desiguales de pastel
- [ ] Un hombre que ha bebido demasiado
- [ ] Gente que se equivoca de dirección
- [ ] Platos muy duros
- [ ] Un plato al revés
- [ ] Caballeros bebiendo con pajitas
- [ ] Una comida muy caliente
- [ ] Uno que sirve vino con mucha habilidad
- [ ] Salchichas gigantes
- [ ] Una batalla con cremas
- [ ] Un banco sobrecargado
- [ ] Una barba mojándose en la sopa
- [ ] Hombres tirando de muslos
- [ ] Un derramamiento doloroso
- [ ] Un hombre atado por espaguetis
- [ ] Un plato que quita el sentido
- [ ] Un hombre que ha comido demasiado
- [ ] Uno muy alto comiendo un plato muy alto
- [ ] Una tarta que estalla
- [ ] Una salchicha gigante que se parte por la mitad
- [ ] Un olor que atraviesa a dos personas
- [ ] Un escudo con un oso

LOS MONJES PELEADORES

- [ ] Dos coches de bomberos
- [ ] Monjes que se queman los pies
- [ ] Un puente de monjes
- [ ] Un monje burlón
- [ ] Un monje que se zambulle
- [ ] Una estatua asustada
- [ ] Fuego que se encuentra con agua
- [ ] Un chorro de agua serpenteante
- [ ] Cazadores cazados
- [ ] Una estatua apuesta
- [ ] Un chorro de llamas serpenteante
- [ ] Una salpicadura a cinco bandas
- [ ] Un puente en llamas
- [ ] Siete espaldas en llamas
- [ ] Monjes adorando el Balde de Agua que Fluye
- [ ] Monjes escudándose de la lava
- [ ] Trece monjes asustados por estar acorralados
- [ ] Un monje sorprendido por un chorro de fuego
- [ ] Monjes adorando al poderoso Volcán en Erupción
- [ ] Un monje que se enfrenta a dos oponentes
- [ ] Una manguera en llamas
- [ ] Monjes y lava saliendo del volcán
- [ ] Una cadena de agua
- [ ] Dos monjes que atacan a sus hermanos por error

LOS DRAGONES VOLADORES

- [ ] Dos dragones a punto de chocar
- [ ] Un paso de peatones
- [ ] Dos que cuelgan de la cola de un dragón
- [ ] Cuatro autoestopistas
- [ ] Vendedores de dragones jóvenes
- [ ] Bandoleros montados en un dragón
- [ ] Un dragón mareado
- [ ] Dragones policías y ladrones
- [ ] Un dragón volando boca abajo
- [ ] Un salón de belleza para dragones
- [ ] Una torre voladora
- [ ] Una cola de dragón en forma de escalera
- [ ] Una torre al revés
- [ ] Dragones enamorados
- [ ] Voladores con barbas de cola de dragón
- [ ] Cinco dragones rojos que sirven de autobús
- [ ] Una lucha de colas
- [ ] Un pasajero con bolsillos vacíos
- [ ] Colas en tres estaciones de dragón autobús
- [ ] Una persona con dos zapatos rojos
- [ ] Un dragón volando hacia atrás
- [ ] Un dragón dentro de un edificio
- [ ] Dos jinetes de dragón sin montura

EL GRAN PARTIDO DE PELOTA

- [ ] Un trago para tres
- [ ] Una persecución en círculo
- [ ] Un pelotazo en el trasero
- [ ] Un espectador rodeado por tres hinchas rivales
- [ ] Una hilera de banderolas
- [ ] Dos jugadores altos contra otros bajitos
- [ ] Un disparo que rompe un poste
- [ ] Un grupo que anda persiguiendo a un jugador
- [ ] Jugadores que cavan para ganar
- [ ] Una cara a punto de estrellarse contra un puño
- [ ] Siete cantantes muy malos
- [ ] Unas pelotas formando una cara
- [ ] Un jugador persiguiendo a un grupo
- [ ] Jugadores tirándose de las capuchas
- [ ] Una bandera con un agujero
- [ ] Jugadores con una pelota cada uno de ellos
- [ ] Un jugador dando un cabezazo a una pelota
- [ ] Un jugador tropezando en una roca
- [ ] Un jugador dando un puñetazo a una pelota
- [ ] Un espectador golpeando a otros dos
- [ ] Un jugador sacando la lengua a un grupo
- [ ] Una boca abierta por la barba
- [ ] Jugadores que no ven por dónde van

LOS FEROCES ENANOS ROJOS

- [ ] Un proyectil de honda rompe varias lanzas
- [ ] Dos puñetazos causan reacciones en cadena
- [ ] Un lancero y una lanza delgada, y una gruesa
- [ ] Un lancero que atraviesa una bandera
- [ ] Un escudo que sirve de collar
- [ ] Una celda hecha de lanzas
- [ ] Un lázaro atrapado por su ropa
- [ ] Un hacha que provoca dolores de cabeza
- [ ] Enanos disfrazados de lanceros
- [ ] Adversarios que cargan unos contra otros
- [ ] Un lancero que huye de una lanza
- [ ] Un doblador de lanzas
- [ ] Un enano que desarma sin que le vean
- [ ] Un enano en el bando equivocado
- [ ] Unas prácticas de tiro muy valientes
- [ ] Una máquina para hacer levantar las manos
- [ ] Lanzas enlazadas
- [ ] Una honda que provoca reacción en cadena
- [ ] Una espada que atraviesa un escudo
- [ ] Una lanza golpea el escudo de un lancero
- [ ] Un enano que esconde una lanza
- [ ] Una lanza que le arranca el casco a un enano
- [ ] Lanceros que huyen dejando atrás la ropa

LOS MALOS MALÍSIMOS

- [ ] Un vampiro al que le asustan los fantasmas
- [ ] Una momia bailarina
- [ ] Vampiros bebiendo con pajitas
- [ ] Dos gárgolas enamoradas
- [ ] Un torturado colgando por los pies
- [ ] Un murciélago que sirve de bate de béisbol
- [ ] Tres hombres-lobo
- [ ] Una momia que pierde las vendas
- [ ] Un perro, un gato y ratón que salen de la pared
- [ ] Un vampiro que no se ve en el espejo
- [ ] Un esqueleto asustado
- [ ] Dos gatos enamorados
- [ ] Un juego de bolos macabro
- [ ] Una gárgola recibe un golpe en el ojo
- [ ] Una gárgola del revés
- [ ] Controladores aéreos truculentos
- [ ] Tres brujas que vuelan hacia atrás
- [ ] Una bruja que pierde la escoba
- [ ] Una escoba volando sobre una bruja
- [ ] Una tortura de cosquillas
- [ ] Un vampiro al que le van a cortar la cabeza
- [ ] Un tren fantasmal
- [ ] Un vampiro que no cabe en su ataúd
- [ ] Un torturador con tres ojos

LOS GLOTONES

ÉRASE UNA VEZ QUE WALLY
EMPRENDIÓ UN VIAJE FANTÁSTICO.
PRIMERO FUE A PARAR ENTRE UNA
MULTITUD DE GLOTONES, DONDE
CONOCIÓ AL MAGO BARBABLANCA,
QUE LE ORDENÓ BUSCAR UN PERGAMINO EN CADA
UNA DE LAS ETAPAS DE SU VIAJE. AL ENCONTRAR
LOS DOCE PERGAMINOS COMPRENDERÍA
EL PROPÓSITO DEL VIAJE: SOLO ENTONCES
HALLARÍA LA VERDAD POR SÍ MISMO.
EN CADA ESCENA DEBÉIS ENCONTRAR A WALLY,
WOOF (RECORDAD QUE SOLO SE LE VE LA COLA),
WENDA, EL MAGO BARBABLANCA Y ODLAW.
DEBERÉIS ENCONTRAR TAMBIÉN MI LLAVE, EL
HUESO DE WOOF (EN ESTA DOBLE PÁGINA ES EL
HUESO QUE ESTÁ MÁS CERCA DE SU COLA), LA
CÁMARA DE WENDA, EL PERGAMINO DEL MAGO
BARBABLANCA Y LOS PRISMÁTICOS DE ODLAW.

ADEMÁS HAY 25 BUSCADORES DE WALLY. CADA
UNO APARECE SOLO UNA VEZ EN LAS DOCE
ESCENAS SIGUIENTES. ¡Y TODAVÍA OTRA COSA!
¿SERÉIS CAPACES DE ENCONTRAR A OTRO
PERSONAJE QUE NO APARECE AQUÍ ABAJO PERO
QUE LO HACE UNA VEZ EN CADA ESCENA
EXCEPTO EN LA ÚLTIMA?

LOS MONJES PELEADORES

DESPUÉS, WALLY Y EL MAGO BARBABLANCA
LLEGARON AL LUGAR DONDE PELEABAN LOS
INVISIBLES MONJES DEL FUEGO CONTRA
LOS MONJES DEL AGUA. Y MIENTRAS WALLY
BUSCABA EL SEGUNDO PERGAMINO, SE DIO CUENTA DE QUE
OTROS MUCHOS WALLY HABÍAN PASADO POR ALLÍ. Y UNA
VEZ QUE ENCONTRÓ EL PERGAMINO, CONTINUÓ SU VIAJE.

LOS DRAGONES VOLADORES

ENTONCES WALLY Y EL MAGO BARBABLANCA LLEGARON A LA TIERRA DE LOS DRAGONES VOLADORES, DONDE MUCHOS WALLYS HABÍAN ESTADO ANTES. WALLY VIO UNA COLORIDA FLOTA DE DRAGONES Y A VARIOS VOLADORES QUE LLEVABAN CAPUCHAS DE COLA DE DRAGÓN SURCANDO EL CIELO. HAY MUCHAS FORMAS DE FLECHA PARA BUSCAR EN ESTA HISTORIA DE COLAS, OH, SABIO OBSERVADOR DE DRAGONES. Y CUANDO WALLY DESCUBRIÓ EL TERCER PERGAMINO, YA FUE HORA DE CONTINUAR SU VIAJE.

EL GRAN PARTIDO DE PELOTA

DESPUÉS, WALLY Y EL MAGO BARBABLANCA
LLEGARON AL CAMPO DEL GRAN PARTIDO
DE PELOTA, DONDE LOS OTROS WALLY YA
HABÍAN ESTADO. Y WALLY VIO QUE CUATRO
EQUIPOS JUGABAN TODOS CONTRA TODOS (PERO ¿CUÁL
IBA GANANDO? ¿POR CUÁNTO? ¿SOIS CAPACES DE ADIVINAR
LAS REGLAS DEL JUEGO?). POR ÚLTIMO, WALLY ENCONTRÓ
EL CUARTO PERGAMINO Y CONTINUÓ SU VIAJE.

LOS FEROCES ENANOS ROJOS

DESPUÉS, WALLY Y EL MAGO BARBABLANCA SE
ENCONTRARON ENTRE LOS FEROCES ENANOS
ROJOS, DONDE ANTES HABÍAN ESTADO
MUCHOS WALLY. Y LOS ENANOS ESTABAN
ATACANDO A LOS LANCEROS DE COLORES, CREANDO GRAN
CONFUSIÓN Y ESPANTOSOS ESTRAGOS. Y WALLY DIO
CON EL QUINTO PERGAMINO Y CONTINUÓ SU VIAJE.

LOS MALOS MALÍSIMOS

WALLY Y EL MAGO BARBABLANCA LLEGARON AL
CASTILLO DE LOS MALOS MALÍSIMOS DONDE
MUCHOS WALLY YA HABÍAN ESTADO ANTES.
Y POR DONDEQUIERA QUE CAMINARA WALLY SE
OÍA EL ESPANTOSO ENTRECHOCAR DE LOS HUESOS Y LA
DIABÓLICA RISA DE LAS BRUJAS. Y POR TODAS PARTES EL HEDOR
DE COMIDA DESCOMPUESTA. ASÍ QUE WALLY SE DIO PRISA POR
ENCONTRAR EL SEXTO PERGAMINO Y CONTINUÓ SU VIAJE.

LAS GUERRERAS DEL BOSQUE

DESPUÉS, WALLY Y EL MAGO BARBABLANCA SE ENCONTRARON ENTRE LAS GUERRERAS DEL BOSQUE, DONDE MUCHOS WALLY YA HABÍAN ESTADO ANTES. Y EN SU LUCHA CONTRA LOS MALVADOS CABALLEROS NEGROS, LAS GUERRERAS ERAN AYUDADAS POR LOS ANIMALES, EL BARRO VIVIENTE Y HASTA POR LOS ÁRBOLES. Y WALLY ENCONTRÓ EL SÉPTIMO PERGAMINO Y CONTINUÓ SU VIAJE.

LOS BUCEADORES

DESPUÉS, WALLY Y EL MAGO BARBABLANCA LLEGARON AL MUNDO ACUÁTICO DE LOS BUCEADORES DE LAS PROFUNDIDADES, DONDE MUCHOS WALLY YA HABÍAN ESTADO ANTES. Y WALLY SE PUSO A BUSCAR EL OCTAVO PERGAMINO ENTRE MONSTRUOS ABISALES, SIRENAS, PESCADORES Y PECES DE TODA CLASE. Y CUANDO LO ENCONTRÓ, DECIDIÓ CONTINUAR CON SU VIAJE.

LOS CABALLEROS DEL ESTANDARTE MÁGICO

WALLY Y EL MAGO BARBABLANCA LLEGARON AL LUGAR MÁS ABARROTADO DE GENTE QUE HABÍAN VISTO NUNCA, DONDE TENÍAN ENTABLADA UNA BATALLA DOS EJÉRCITOS QUE ENARBOLABAN NUMEROSOS ESTANDARTES MÁGICOS. UNA VEZ MÁS, OTROS MUCHOS WALLY HABÍAN ESTADO ALLÍ. Y CUANDO ENCONTRÓ EL NOVENO PERGAMINO, REANUDÓ EL VIAJE DE NUEVO.

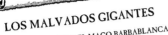

LOS MALVADOS GIGANTES

DESPUÉS, WALLY Y EL MAGO BARBABLANCA LLEGARON AL PAÍS DE LOS MALVADOS GIGANTES, POR DONDE LOS OTROS WALLY YA HABÍAN PASADO. Y WALLY VIO QUE LOS GIGANTES TRATABAN A LA GENTE MENUDA SIN NINGÚN MIRAMIENTO. Y CUANDO ENCONTRÓ EL DÉCIMO PERGAMINO, CONTINUÓ SU VIAJE.

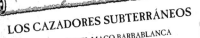

LOS CAZADORES SUBTERRÁNEOS

DESPUÉS, WALLY Y EL MAGO BARBABLANCA LLEGARON AL MUNDO DE LOS CAZADORES SUBTERRÁNEOS, DONDE ANTES YA HABÍAN ESTADO MUCHOS WALLY. AQUEL LUGAR ERA MUY PELIGROSO, PUES ABUNDABAN LOS MONSTRUOS MALÉVOLOS. Y WALLY ENCONTRÓ EL UNDÉCIMO PERGAMINO Y CONTINUÓ CON SU VIAJE.

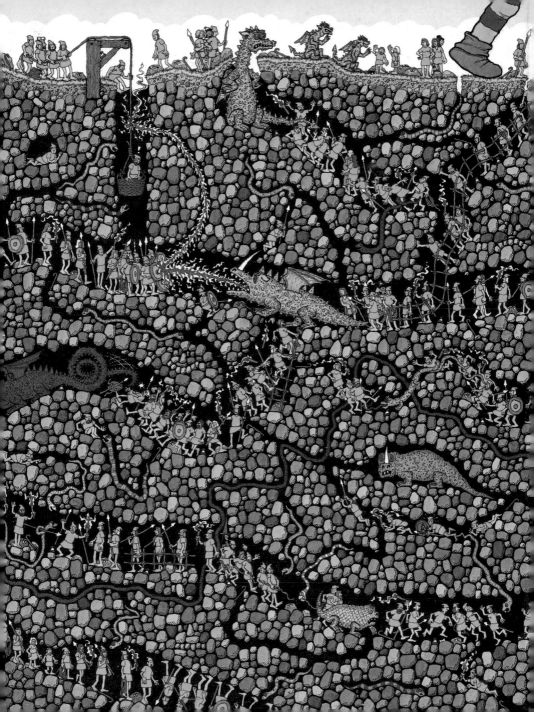

LA TIERRA DE LOS WALLY

Y POR FIN, WALLY ENCONTRÓ EL DUODÉCIMO PERGAMINO Y COMPRENDIÓ LA VERDAD SOBRE SÍ MISMO. ES DECIR, QUE ÉL SOLO ERA UN WALLY ENTRE OTROS MUCHOS. TAMBIÉN SE PERCATÓ DE QUE LOS WALLY SUELEN PERDER COSAS, PUES ÉL MISMO HABÍA PERDIDO UN ZAPATO. Y MIENTRAS BUSCABA EL ZAPATO, DESCUBRIÓ QUE EL MAGO BARBABLANCA NO ERA SU ÚNICO ACOMPAÑANTE. HABÍA ONCE MÁS: UNO POR CADA LUGAR DONDE HABÍA ESTADO, QUE SE LE HABÍAN UNIDO DE UNO EN UNO A LO LARGO DE LA RUTA. DE MODO QUE AHORA (¡OH, LEALES SEGUIDORES DE WALLY!) BUSCAD AL AUTÉNTICO WALLY Y AYUDADLO A ENCONTRAR EL ZAPATO PERDIDO. ¡Y QUE SEA FELIZ PARA SIEMPRE EN EL PAÍS DE LOS WALLY!

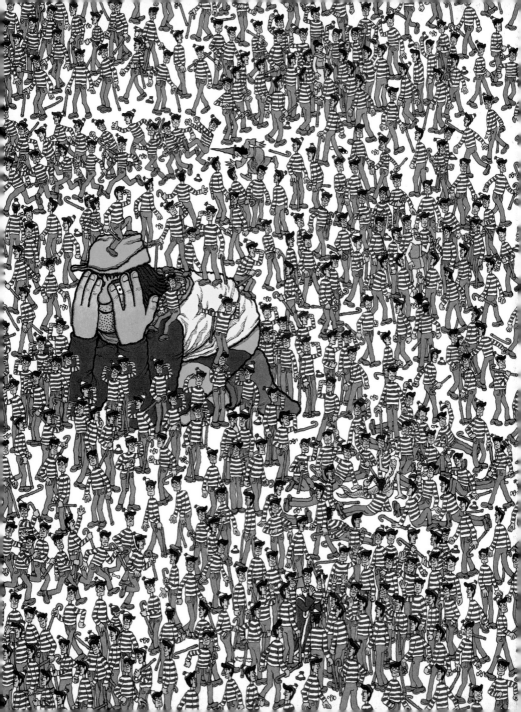

¿DÓNDE ESTÁ WALLY?
EL VIAJE FANTÁSTICO. CHECKLIST: SEGUNDA PARTE

LAS GUERRERAS DEL BOSQUE

- Tres piernas larguísimas
- Caballeros disparando flechas contra caballeros
- Caballeros derribados por un árbol
- Dos golpes múltiples
- Ocho pares de pies al revés
- Un árbol con mucho aliento
- Amazonas de cabeza dura
- Atacantes a punto de ser atacados
- Una amazona robusta y otra flacucha
- Un caballo asustadizo
- Una amazona perezosa
- Un caballero con tres piernas
- Una escalera del revés
- Árboles enamorados
- Un baúl al revés
- Un unicornio de dos cabezas
- Un unicornio en un árbol
- Caras hechas de hojas
- Hombres de barro arrojando barro
- Un arbolito llorón
- Lanzas a las que se les saca filo
- Árboles que atacan con las ramas
- Zancos cortados de un solo golpe

LOS BUCEADORES

- Un pez con dos cabezas
- Esgrima contra un pez espada
- Una cama en el fondo del mar
- Una cara hecha de peces
- Un pez gato y un pez perro
- Una medusa gelatinosa
- Un pez con dos colas
- Dos peces en forma de peces
- Un león marino
- Un patín
- Un tesoro traicionero
- Camas de ostras
- Peces enlatados, peces voladores y peces-dedo
- Anguilas eléctricas
- Cartas de la baraja
- Una botella con un mensaje
- Una falsa aleta de tiburón
- Una sirena con cabeza de pez y piernas humanas
- Un carruaje con caballitos de mar
- Un compás en un bote
- Un pez pescando
- Una playa submarina
- Buceadores dibujando en un monstruo marino

CABALLEROS ESTANDARTE MÁGICO

- Reyes infieles
- Un estandarte con puños
- El juego de tres en raya
- Un reno espadachín
- Un hombre entre rejas
- Una rata entre leones
- Banderas dentro de una bandera
- Un enredo de lenguas
- Una bandera cubierta de hachas
- Un paso de peatones
- Un aguafiestas resoplando
- Un ariete con una llave
- Serpientes y escaleras
- Un dragón que escupe fuego
- Platos de comida que van de mayor a menor
- Un ladrón de coronas
- Un león sediento
- Un combate desigual
- Una pluma que hace cosquillas a un pie
- Unos soldados descarados
- Un reno que se rinde
- Un perro que intenta alcanzar un hueso
- Un casco con tres ojos

LOS MALVADOS GIGANTES

- Cazadores a punto de ser cazados
- Un proyectil de catapulta que golpea a la gente
- Tres hombres en una capucha gigante
- Patos que se han quedado sin agua
- Un gigante burlón a punto de recibir un mazazo
- Un gigante con un tejado en la cabeza
- Dos gigantes fuera de combate
- Dos molinos que hacen daño
- Un gigante a punto de sufrir dolor de cabeza
- Dos árboles que hacen de escoba
- Un nido peludo
- Un ariete con un puño
- Una casa agitada
- Gente sobre un tablero
- Una avalancha de piedras
- Chinchetrampa
- Seis personas cargando dos hondas
- Seis personas atrapados en cinturones de gigantes
- Hilera de hombrecillos siendo arrastrados
- Pájaros molestados por un palillo
- Dos espectadores del juego dando golpes
- Cuatro mujeres tímidas y halagadas
- Una ducha fría a lo bruto

LOS CAZADORES SUBTERRÁNEOS

- Un cazador a punto de meter la pata
- Cuatro portadores de antorchas asustados
- Una serpiente que roba un sombrero
- Un guardia de tráfico subterráneo
- Tres portadores de antorchas que se rinden
- Una serpiente con dos cabezas
- Una serpiente increíblemente larga
- Un dragón que ataca por los dos lados
- Tres dragones con gafas de sol
- Una serpiente que hace cosquillas
- Papá y mamá serpiente enfadados
- Cinco lanzas rotas
- Un puente monstruoso
- Cinco caras formadas por rocas
- Cazadores andando boca abajo
- Una serpiente atrapada
- Una escalera muy larga
- Una antorcha que prende fuego a las lanzas
- Una lengua que se enrosca en un tobillo
- Un cazador con una lanza larguísima
- Cazadores a punto de chocar entre ellos
- Cazadores que avanzan en círculo
- Un tirón de cola de lagarto que asusta

LA TIERRA DE LOS WALLY

- Unos Wally saludando
- Unos Wally caminando
- Unos Wally corriendo
- Unos Wally sentados
- Unos Wally tumbados
- Unos Wally inmóviles
- Unos Wally con el pulgar hacia arriba
- Unos Wally asustados
- Unos Wally buscando
- Unos Wally a los que persiguen
- Unos Wally sonriendo
- Unos Wally deslizándose
- Unos Wally con gorro
- Unos Wally sin gorro
- Unos Wally saludando con el gorro
- Unos Wally con bastón
- Unos Wally sin bastón
- Unos Wally con gafas
- Unos Wally sin gafas
- Un Wally sobre un sombrero
- Un Wally agarrado a un ala
- Wally

EL VIAJE FANTÁSTICO

¿Además de encontrar a Wally y sus amigos, ¿habéis hallado todas las cosas que se han perdido? ¿Habéis encontrado al personaje misterioso que se esconde en cada escena? Quizá sea algo difícil, pero si seguís buscando puede que deis con él. Y un último comentario: uno de los buscadores de Wally ha perdido la borla de su gorro en alguna parte. ¿Puedes averiguar de quién se trata y encontrar la borla?

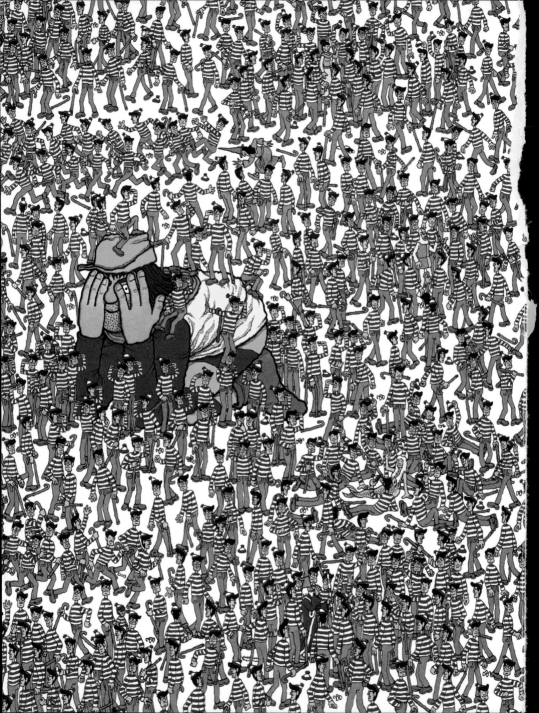

UN SUEÑO HECHO REALIDAD

GUAU, BUSCADORES DE WALLY, ESTO ES FANTÁSTICO. ¡ESTOY EN HOLLYWOOD! MIRAD, HAY GENTE DE CINE POR TODAS PARTES... ME PREGUNTO QUÉ PELÍCULAS ESTARÁN RODANDO. PARA MÍ ES UN SUEÑO HECHO REALIDAD... ¡CONOCER A LOS DIRECTORES Y A LOS ACTORES, PASEAR ENTRE LAS MULTITUDES DE EXTRAS, VER LO QUE HAY DETRÁS DE LOS DECORADOS! ¡A VER SI ACABO SALIENDO EN UNA PELÍCULA!

★ ★ ★ ★ ¡LO QUE HAY QUE BUSCAR EN HOLLYWOOD! ★ ★ ★ ★

¡BIENVENIDOS A LA CIUDAD DE LOS SUEÑOS, BUSCADORES DE WALLY! ESTAS SON LAS COSAS QUE TENÉIS QUE BUSCAR MIENTRAS PASEÁIS POR LOS ESTUDIOS CON WALLY.

★ LO PRIMERO (¡POR SUPUESTO!) ¿DÓNDE ESTÁ WALLY?
★ DESPUÉS, ENCONTRAD A SU COMPAÑERO CANINO, WOOF... RECORDAD QUE SOLO LE VERÉIS LA COLA!
★ ¡DESPUÉS BUSCAD A WENDA, LA AMIGA DE WALLY.
★ ¡ABRACADABRA! ¡EUREKA! ¡AHORA CONCENTRAOS EN LA BÚSQUEDA DEL GRAN MAGO BARBABLANCA!
★ ¡BUUUU! ¡FUERA! TAMBIÉN TENÉIS QUE ENCONTRAR AL MALO, ODLAW...
★ AHORA NO OS OLVIDÉIS DE BUSCAR A ESTOS 25 BUSCADORES DE WALLY, CADA UNO APARECE SOLO UNA VEZ ANTES DE LLEGAR A LA FANTÁSTICA ESCENA FINAL.
★ ¡GUAU! ¡INCREÍBLE! ¡ENCONTRAD A OTRO PERSONAJE QUE APARECE EN CADA ESCENA EXCEPTO EN LA ÚLTIMA!

★ ★ ¡SEGUID BUSCANDO! ¡HAY MÁS COSAS QUE BUSCAR! ★ ★

EN CADA ESTUDIO ENCONTRAD EL HUESO DE WOOF
LA CÁMARA DE WENDA
LOS PRISMÁTICOS DE ODLAW
LA LLAVE DE WALLY
EL PERGAMINO DEL MAGO BARBABLANCA
Y UNA LATA DE PELÍCULA PERDIDA

★ ★ ★ ★ ★ ★ ★ ¡Y MÁS, MUCHO MÁS! ★ ★ ★ ★ ★ ★ ★

CADA UNO DE LOS PÓSTERS QUE VEÁIS EN LA PARED ES PARTE DE UNO DE LOS ESTUDIOS DE RODAJE QUE WALLY VA A VISITAR. ★ AVERIGUAD A CUÁL CORRESPONDE CADA PÓSTER. ★ Y DESPUÉS DESCUBRID LAS DIFERENCIAS QUE HAY ENTRE PÓSTERS Y ESTUDIOS.

¿DÓNDE ESTÁ WALLY? EN HOLLYWOOD. CHECKLIST: PRIMERA PARTE

¡Cientos de cosas por buscar!
¡Y al final de esta aventura MÁS!

★ ★ UN SUEÑO HECHO REALIDAD ★ ★

- [ ] Un soldado agenciándose algo de comida
- [ ] Un agente doble en una película de espías
- [ ] Una chica en bañador con gorro amarillo
- [ ] Ocho piezas de cine con forma de corazón
- [ ] Una estrella verde en una pelota amarilla
- [ ] Una máquina de viento fuera de control
- [ ] Una escena romántica
- [ ] Alguien que va con zancos
- [ ] Una banda que se columpia
- [ ] Tres escudos
- [ ] Veintiún piratas con ropa a rayas
- [ ] Diez guardias de seguridad del estudio
- [ ] Alguien que ha metido la pata
- [ ] Tres personas con esquís
- [ ] Un pintor de paisajes
- [ ] Una corbata roja a topos blancos
- [ ] Un pirata amistoso

★ ¡CHITÓN! ¡ES UNA PELÍCULA MUDA! ★

- [ ] Una cadena de cubos agujereados
- [ ] Una manguera con nudos
- [ ] El juego de tirar de la cuerda
- [ ] Flores que están siendo regadas
- [ ] Un hombre con pantalones bombachos
- [ ] Dos cazamariposas
- [ ] Nueve animales de cuatro patas
- [ ] Una rueda que se escapa
- [ ] La torre del reloj
- [ ] Siete megáfonos
- [ ] Trece globos
- [ ] Quince cámaras
- [ ] Un foco
- [ ] Tres hombres tropezando con fruta
- [ ] Una manguera cortada por un hacha
- [ ] Cuatro jefes de bomberos con gorras de visera
- [ ] Una vía de tren que sirve de escalera
- [ ] Tres hombres con camisa roja y tirantes
- [ ] Dos paraguas

★ ★ EL LOCO CABALLO DE TROYA ★ ★

- [ ] Cinco soldados azules con penachos rojos
- [ ] Tres soldados con capas extralargas
- [ ] Trece animales reales de cuatro patas
- [ ] Tres cineastas con gafas de sol
- [ ] Cinco soldados rojos con penachos azules
- [ ] Cinco soldados amarillos con penachos azules
- [ ] Dos estatuas saludándose
- [ ] Un cubo de la basura
- [ ] Dos soldados con hondas
- [ ] Un soldado con un escudo cuadrado
- [ ] Miembros del equipo rindiéndose
- [ ] Tres troyanos bebiendo café
- [ ] Diez flechas clavadas en escudos
- [ ] Un soldado con sandalias
- [ ] Soldados discutiendo sobre el horario
- [ ] Policías de tráfico antiguos
- [ ] Cinco soldados con escobas

★ DIVERTIDA LEGIÓN EXTRANJERA ★

- [ ] Cinco hombres con camiseta y calzoncillos
- [ ] La bandera francesa con los colores mal colocados
- [ ] Un avión moderno echando a perder una toma
- [ ] Cuatro árboles que se rinden
- [ ] Una roca que golpea a dieciséis personas
- [ ] Dos hombres que caen de un árbol
- [ ] Las ropas adecuadas con colores equivocados
- [ ] Una descarga de arena
- [ ] Trece camellos
- [ ] Árboles con fechas
- [ ] Enemigos que pelean espalda con espalda
- [ ] Un músico impopular
- [ ] Un hombre que lee
- [ ] Tres hombres escondiéndose bajo animales
- [ ] Un animal pisando el pie a un hombre
- [ ] Un hombre rindiéndose ante una pala
- [ ] Un jinete que cabalga al revés

★ ★ UN MUSICAL ESPECTACULAR ★ ★

- [ ] Un bailarín con un clavel azul
- [ ] «Bailando sobre los grifos»
- [ ] Un piano de mil dólares
- [ ] Un mago que toca un bajo doble
- [ ] Bailarines con sombrero de copa y colas
- [ ] Marineros saludando al símbolo de la N
- [ ] Marineros con pantalones acampanados
- [ ] El capitán y su tronco
- [ ] Un tornillo de banco
- [ ] Las llaves del piano
- [ ] Cuatro plumas anaranjadas
- [ ] Un soldado en el plató equivocado
- [ ] Cinco anclas
- [ ] Un pulpo, un tiburón y un pez
- [ ] Nueve fregonas
- [ ] Cuatro marineros con tatuajes

★ LA CUEVA DE LOS PIRATAS SAQUEADORES ★

- [ ] Un hombre durmiendo en una cama
- [ ] Un hombre despierto en una cama
- [ ] Un pirata con cofre gris
- [ ] Un pirata con un zapato azul y otro blanco
- [ ] Un pirata con un zapato rojo y otro rosa
- [ ] Un pirata con una estrella roja en el turbante
- [ ] Un pirata con joyas en la barba
- [ ] Una bañera de oro
- [ ] Una serpiente
- [ ] Dos perros y un caballo
- [ ] Una estatua mueble
- [ ] Tres fantasmas pirata
- [ ] Un barbero pirata
- [ ] Mineros sorprendidos
- [ ] Dos transportistas de alfombras despistados
- [ ] Piratas robando cámaras
- [ ] Un pirata con sombrero amarillo

★ ★ ★ ★ EL SALVAJE OESTE ★ ★ ★ ★ ★

- [ ] Dos cowboys dibujándose
- [ ] Unos bebedores miopes con una dama
- [ ] Forajidos cargándose una diligencia
- [ ] Cowboys «tiñendo de rojo el pueblo»
- [ ] Médicos de vacaciones
- [ ] El departamento de vestuario de la película
- [ ] Un búfalo con sombrero
- [ ] El Prestamista Solitario
- [ ] Un juego de cartas
- [ ] Búfalos dejando su sello
- [ ] Un duelo con hondas
- [ ] Calamity Jane
- [ ] Un espagueti western
- [ ] Un caballo y una carreta
- [ ] Billy el Niño
- [ ] Gente del pueblo saludando al General Store
- [ ] Una banda de forajidos
- [ ] Dos cowboys gritando: «Este pueblo no es lo bastante grande para los dos»

UN SUEÑO HECHO REALIDAD

GUAU, BUSCADORES DE WALLY, ESTO ES FANTÁSTICO. ¡ESTOY EN HOLLYWOOD! MIRAD, HAY GENTE DE CINE POR TODAS PARTES... ME PREGUNTO QUÉ PELÍCULAS ESTARÁN RODANDO. PARA MÍ ES UN SUEÑO HECHO REALIDAD... ¡CONOCER A LOS DIRECTORES Y A LOS ACTORES, PASEAR ENTRE LAS MULTITUDES DE EXTRAS, VER LO QUE HAY DETRÁS DE LOS DECORADOS! ¡A VER SI ACABO SALIENDO EN UNA PELÍCULA!

★ ★ ★ ¡LO QUE HAY QUE BUSCAR EN HOLLYWOOD! ★ ★ ★

¡BIENVENIDOS A LA CIUDAD DE LOS SUEÑOS, BUSCADORES DE WALLY! ESTAS SON LAS COSAS QUE TENÉIS QUE BUSCAR MIENTRAS PASEÁIS POR LOS ESTUDIOS CON WALLY.

★ LO PRIMERO (¡POR SUPUESTO!)
¿DÓNDE ESTÁ WALLY?
★ DESPUÉS,
ENCONTRAD
A SU COMPAÑERO
CANINO,WOOF...
RECORDAD QUÉ
SOLO LE VERÉIS LA COLA!
★ ¡DESPUÉS BUSCAD A WENDA,
LA AMIGA DE WALLY!
★ ¡ABRACADABRA!
¡EUREKA! ¡AHORA
CONCENTRAOS EN LA
BÚSQUEDA DEL GRAN
MAGO BARBABLANCA!
★ ¡BUUU! ¡FUERA! TAMBIÉN
TENÉIS QUE ENCONTRAR
AL MALO, ODLAW...
★ AHORA NO OS
OLVIDÉIS DE BUSCAR A
ESTOS 25 BUSCADORES
DE WALLY. CADA UNO
APARECE SOLO UNA
VEZ ANTES DE LLEGAR
A LA FANTÁSTICA
ESCENA FINAL.
★ ¡GUAU! ¡INCREÍBLE!
ENCONTRAD A OTRO PERSONAJE QUE APARECE EN CADA ESCENA EXCEPTO EN LA ÚLTIMA!

★ ★ ¡SEGUID BUSCANDO! ¡HAY MÁS COSAS QUE BUSCAR! ★ ★

EN CADA ESTUDIO
ENCONTRAD EL
HUESO DE WOOF ★ LA CÁMARA DE WENDA
LOS PRISMÁTICOS DE ODLAW
LA LLAVE DE WALLY
EL PERGAMINO
DEL MAGO BARBABLANCA
Y UNA LATA DE PELÍCULA
PERDIDA

★ ★ ★ ★ ★ ★ ¡Y MÁS, MUCHO MÁS! ★ ★ ★ ★ ★ ★

CADA UNO DE LOS PÓSTERS QUE VEÁIS EN LA PARED ES PARTE DE UNO DE LOS ESTUDIOS DE RODAJE QUE WALLY VA A VISITAR. ★ AVERIGUAD A CUÁL CORRESPONDE CADA PÓSTER.
★ Y DESPUÉS DESCUBRID LAS DIFERENCIAS QUE HAY ENTRE PÓSTERS Y ESTUDIOS.

¡PSST! ¡ESTA ES UNA PELÍCULA MUDA!

ASÍ ES COMO EMPEZÓ EL SUEÑO DE HOLLYWOOD, CON PELÍCULAS MUDAS RODADAS EN BLANCO Y NEGRO. SON ALOCADAS Y TE HACEN REÍR. ACTUAR EN ESTAS COMEDIAS PUEDE RESULTAR MUY DURO... ¡MIRAD CUÁNTOS ACCIDENTES SE ESTÁN PRODUCIENDO! PERO LO MEJOR DE TODO ES QUE NINGÚN ACTOR SE HACE DAÑO... ¡POR MUCHAS VECES QUE CAIGAN DE BRUCES AL SUELO!

DIVERTIDA LEGIÓN EXTRANJERA

¡FIÚ, SEGUIDORES DE WALLY, NO OS ACALORÉIS, ESTAMOS EN EL MÁS HIRVIENTE DE LOS RODAJES EXTERIORES! ¡TODO EL MUNDO SUDA LA GOTA GORDA! ALGUNOS DE LOS EXTRAS DAN LA IMPRESIÓN DE HABER PERDIDO LA SANGRE FRÍA... ¿HABRÁN OLVIDADO QUE TAN SOLO SE TRATA DE UNA PELÍCULA? ¡TAL VEZ DEBERÍAN DESERTAR DEL DESIERTO Y UNIRSE A LA CARRERA EN POS DE UN HELADO!

UN MUSICAL ESPECTACULAR

¿HABÍAIS VISTO ALGUNA VEZ UN CAOS MUSICAL TAN GRANDE? UNA ESCENA ENSORDECEDORA A TODO LUJO. ¡EL TIMONEL DEL ACORAZADO NO TIENE MUY CLARO EL RUMBO DE LA NAVE! ¡EN FIN, TODO ESTÁ BASTANTE LIADO, PERO EL ESPECTÁCULO DEBE CONTINUAR, AUNQUE TODOS LOS ACTORES PIERDAN EL PASO!

LA CUEVA DE LOS PIRATAS SAQUEADORES

¡QUÉ EXCESO DE PIRATAS SAQUEADORES, BUSCADORES DE WALLY! ¡CUÁNTA GENTE EN ESTA CUEVA! DEBE DE HABER TONELADAS DE JOYAS Y COSAS VALIOSAS EN ESTA ENORME MONTAÑA DE TESOROS. CON ESPÍRITUS Y FANTASMAS OCUPANDO EL CENTRO DEL ESCENARIO, Y UN MONTÓN DE PILLOS PIRATAS PARA BUSCAR, EL DIRECTOR SIN DUDA TIENE MUCHO TRABAJO. ¡ESPEREMOS QUE TENGA BUENA MANO! ¡QUÉ PELÍCULA TAN ATERRADORAMENTE DIVERTIDA!

THE WILD WEST SALOON

EL SALVAJE OESTE

¡BUSCADORES DE WALLY! ¿HABÍAIS VISTO ALGUNA VEZ UN «WESTERN» TAN SALVAJE COMO ESTE? AHÍ LLEGA LA LOCOMOTORA ECHANDO VAPOR... ¡LA CARRERA DEL ORO HA COMENZADO Y HAY UN COWBOY CABALGANDO HACIA LA PUESTA DE SOL! ¡HAY MUCHA ACCIÓN Y EMOCIÓN! ¡ME PREGUNTO SI EL OESTE REAL ERA TAN ANIMADO Y COLORIDO COMO ESTE!

LOS BRAVUCONES MOSQUETEROS

¡TODOS PARA UNO, UNO PARA TODOS! ¿NO ERA ESE EL LEMA DE LOS TRES MOSQUETEROS? ¡PERO AQUÍ CADA UNO HACE LA GUERRA POR SU CUENTA! ¿PODÉIS ENCONTRAR A NUESTROS TRES VALIENTES MOSQUETEROS, QUE LUCHAN CONTRA LOS GUARDIAS DEL CARDENAL, VESTIDOS DE ROJO? ¡NO SÉ CÓMO SE LAS ARREGLARÁ EL CÁMARA PARA CAPTAR TODA LA ACCIÓN QUE HAY EN ESTA ESCENA!

DINOSAURIOS, HOMBRES Y MONSTRUOS

¡ES INCREÍBLE! ¡UNA FORTÍSIMA COMBINACIÓN DE TIEMPO, ESPACIO Y TERROR! ¡MAGNÍFICOS TRAJES ESPACIALES Y SOBERBIOS EFECTOS ESPECIALES! UNO DE LOS PLATILLOS VOLANTES PARECE VOLAR DE VERDAD. ¿SERÁN SUS TRIPULANTES VERDADEROS EXTRATERRESTRES, Y NO ACTORES? ¿QUÉ ES REAL Y QUÉ ES MAQUILLAJE EN ESTE TIPO DE PELÍCULAS?

EL ALEGRE LÍO DE ROBIN HOOD

¡MIRAD CUÁNTA GENTE HA DEJADO EL BOSQUE DE SHERWOOD PARA PASAR EL DÍA EN EL CASTILLO DE NOTTINGHAM! LO ESTÁN PASANDO MUY BIEN, ESTROPEANDO EL DESFILE DEL SHERIFF. ¿CUÁL DE ELLOS ES ROBIN HOOD? ¡EL QUE LLEVA UN PÁJARO DIBUJADO EN LA CAPUCHA! CUANDO VEÁIS ESTA PELÍCULA PENSARÉIS QUE TODO ES REAL. ¡PERO LAS MURALLAS DEL CASTILLO SON DE MADERA!

CUANDO SALEN LAS ESTRELLAS

¡GUAU, BUSCADORES DE WALLY, ESTO ES GLAMOUR! ESTOY EN UN GRAN ESTRENO. LAS ESTRELLAS HAN VENIDO A VER LA PELÍCULA. LA MULTITUD A VER LAS ESTRELLAS. FIJAOS EN EL COCHAZO ROSA, EL VEHÍCULO MÁS APROPIADO PARA UNA ESTRELLA. ¿QUIÉN VA EN EL HUESO-MÓVIL QUE HAY DETRÁS? ¿Y NO OS PARECE QUE A KING KONG SE LE VE MÁS AMIGABLE AL NATURAL QUE EN PANTALLA?

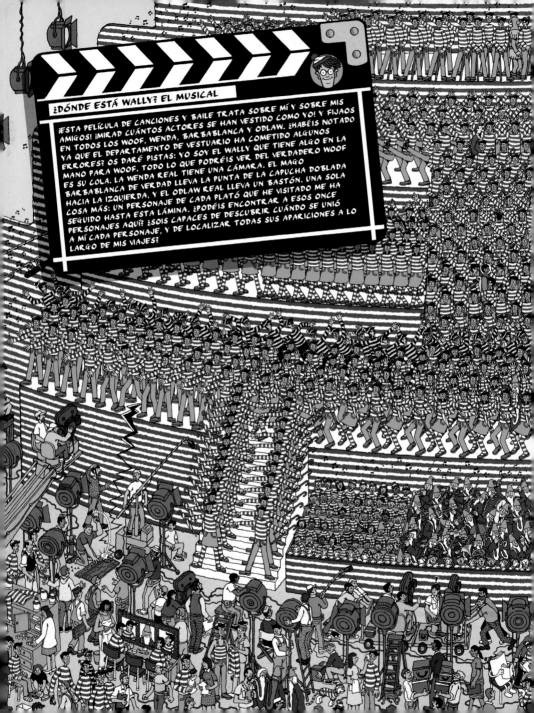

¿DÓNDE ESTÁ WALLY? EL MUSICAL

¡ESTA PELÍCULA DE CANCIONES Y BAILE TRATA SOBRE MÍ Y SOBRE MIS AMIGOS! ¡MIRAD CUÁNTOS ACTORES SE HAN VESTIDO COMO YO! Y FIJAOS EN TODOS LOS WOOF, WENDA, BARBABLANCA Y ODLAW. ¿HABÉIS NOTADO YA QUE EL DEPARTAMENTO DE VESTUARIO HA COMETIDO ALGUNOS ERRORES? OS DARÉ PISTAS: YO SOY EL WALLY QUE TIENE ALGO EN LA MANO PARA WOOF. TODO LO QUE PODRÉIS VER DEL VERDADERO WOOF ES SU COLA. LA WENDA REAL TIENE UNA CÁMARA. EL MAGO BARBABLANCA DE VERDAD LLEVA LA PUNTA DE LA CAPUCHA DOBLADA HACIA LA IZQUIERDA, Y EL ODLAW REAL LLEVA UN BASTÓN. UNA SOLA COSA MÁS: UN PERSONAJE DE CADA PLATÓ QUE HE VISITADO ME HA SEGUIDO HASTA ESTA LÁMINA. ¿PODÉIS ENCONTRAR A ESOS ONCE PERSONAJES AQUÍ? ¿SOIS CAPACES DE DESCUBRIR CUÁNDO SE UNIÓ A MÍ CADA PERSONAJE, Y DE LOCALIZAR TODAS SUS APARICIONES A LO LARGO DE MIS VIAJES?

¿DÓNDE ESTÁ WALLY?
EN HOLLYWOOD.
CHECKLIST:
SEGUNDA PARTE

¿Creías que habíamos
terminado?

★ LOS BRAVUCONES MOSQUETEROS ★

- Once caballeros inclinándose
- Dos carretillas
- Doce chorros de agua
- Una escena lacrimógena
- Un caballero que solo lleva un guante
- Hombres mal vestidos expulsados del baile
- Tres mosqueteros llorando
- Un guante perdido
- Cuatro animales
- Un hombre con guantes de diferentes colores
- Un matón rebotado
- Tres jardineros enfadados
- Dos mosqueteros en una valla
- Tres estatuas mezcladas
- Un hombre con cosquillas en el pie
- Cuatro damas a las que ofrecen flores
- Un sombrero con una pluma a rayas

★ DINOSAURIOS, ASTRONAUTAS Y MONSTRUOS ★

- Equipaje de mano
- Una mosca en la sopa
- Un dinosaurio con cosquillas
- Un alienígena verde y forrado
- Un dinosaurio adormilado
- Una nave espacial
- Estrellas en un camerino
- Un dinosaurio descarado
- Un planeta picnic
- Una partida de aros
- Un hombre-lobo aullador
- Ocho personajes en cráteres
- Un castillo espacial
- Dos personas leyendo libros
- Cuatro trogloditas «a reacción»
- Un astronauta sin casco, guantes ni botas
- Dos botellas de ketchup

★ ★ EL ALEGRE LÍO DE ROBIN HOOD ★ ★

- Ocho damas con trajes medievales
- Pequeño Juan al frente de sus hombres
- Un hombre con arco y flecha
- Dos arqueros con lazos largos
- La aseada doncella Marián
- Un extra medieval con una radio
- Un soldado con un gran escudo
- Una armadura de noche
- Veintiuna escaleras
- Un fraile cocinero
- Dieciséis banderas
- Un soldado arremangado
- Un caballero con una pluma rosa en el casco
- Soldados con pantalones equivocados
- Un prisionero con una bola gigante
- Cuatro animales de cuatro patas
- El sheriff de Nottingham
- Siete cascos con penachos en forma de animal

★ ★ CUANDO SALEN LAS ESTRELLAS ★ ★

- Veintinueve focos
- Dos reporteros rivales
- Uno al que han vendado
- Un policía que pide un autógrafo
- Un espectador con despertador
- Alguien marcando con una X
- Cinco palmeras y una palma enorme
- Diez corazones
- Tres cowboys
- Un telescopio
- Alguien que disfruta a vista de pájaro
- Dos astronautas
- Un puñado de espectadores
- Un vestido de etiqueta
- Una pajita extralarga
- Cuatro celebridades con gafas de sol

★ ¿DÓNDE ESTÁ WALLY? EL MUSICAL ★

- Un jersey de Wally con las rayas al revés
- Un Wally llevando un gorro con colores al revés
- Un Odlaw que lleva un gorro sin borla
- Una Venda descalza
- Un Odlaw sin bigote
- Un Wally con gafas de sol
- Un jersey de Wally con rayas de más
- Una Wenda sin gafas
- Un Wally que lleva un gorro sin borla
- Un Wally sin bolsillos en los vaqueros
- Un mago Barbiblanca con gafas
- Una lectura de guion
- Un mezclador de sonido
- Una liebre peinada
- Un bastón
- Dos magos Barbablanca sin barba
- Un Wally sin gafas
- Un Wally con barba
- Una Wenda rubia
- Un Wally rubio
- Una Wenda con paraguas de rayas azules y blancas
- Un mago Barbablanca con un gorro rojo
- Un Woof con un gorro con los colores al revés
- Una Wenda con las gafas redondas de Wally
- Un Wally haciendo cosquillas a otro Wally
- Un Woof sin gorro
- Una Wenda sin bolsillos en la falda
- Un Wally con un bastón al revés
- Un Woof con un gorro sin borla
- Un Woof con gafas de sol
- Una Wenda de espaldas
- Un Wally a rayas azules y blancas
- Una Wenda sin gorro
- Un Odlaw sin gafas de sol
- Un mago Barbablanca bailando
- Un Wally de espaldas
- Un mago Barbablanca con un gorro con borla
- Un Woof con un gorro azul y blanco
- Dos magos Barbablanca con barbas castañas
- Una Wenda con un gorro sin borla
- Un Wally con dos gorros

★ ★ ★ VUELTA AL PRINCIPIO ★ ★ ★

¿Además de encontrar a Wally y sus amigos,
¿habéis hallado todas las cosas que se han perdido?
¿Habéis encontrado al personaje misterioso que
se esconde en cada escena? Quizá sea algo difícil,
pero si seguís buscando puede que deis con él. Y un
último comentario: uno de los buscadores de Wally
ha perdido la borla de su gorro en alguna parte.

★ ★ LA GRAN PRUEBA FINAL ★ ★

Casi todas las caras que veis en las ranuras de
arrastre de la película, en esta página y en la
anterior, aparecen en algún otro lugar del libro.
¿Podéis encontrarlas? Pero… ¡hay diez que no
aparecen en ningún lugar! ¿Podéis descubrir
cuáles? Finalmente, algunos de los rostros
aparecen más de una vez en las ranuras. ¿Podéis
descubrir cuáles y averiguar cuántas veces salen?

Erase una vez...

¡Hola, amigos de Wally! ¡Mirad estos geniales libros! ¡Mirad los personajes que han salido de sus páginas! ¡Guau! ¡Una escena mágica! ¡Los libros cobraron vida! Fantástico... ¡Incluso hay uno sobre mis viajes! Y Woof, Wenda, el Mago Barbablanca y Odlaw también tienen sus propios volúmenes. Podéis uniros a nosotros, si nos encontráis, y viajaremos por las maravillosas escenas de este abracadabrante libro. Entre todas las ilustraciones, hay una que es mi favorita... nunca diríais por qué. El punto de libro la señala, de modo que cuando lleguéis allí la descubriréis. ¡Poneos manos a la obra, seguidores de Wally! ¡Vamos a partir! ¡Y estad preparados para los montones de sorpresas que nos esperan en el camino!

Wally

¡LA BÚSQUEDA HA EMPEZADO! ¡ENCONTRAD A ESTOS CINCO INTRÉPIDOS VIAJEROS EN TODAS LAS ILUSTRACIONES DEL LIBRO!

- ENCONTRAD A WALLY... ¡QUE NOS MUESTRA EL CAMINO!
- ENCONTRAD A WOOF... ¡QUE MUEVE LA COLA!
(¡QUE NORMALMENTE ES LO ÚNICO QUE SE PUEDE VER!)
- ENCONTRAD A WENDA... ¡QUE TOMA FOTOS!
- ENCONTRAD AL MAGO BARBABLANCA... ¡QUE HACE HECHIZOS!
- ENCONTRAD A ODLAW... ¡CUYAS BUENAS OBRAS SON MUY POCAS!

¡LA BÚSQUEDA CONTINÚA! ¡ENCONTRAD EN TODAS LAS LÁMINAS ESTAS COSAS IMPORTANTES QUE HAN PERDIDO LOS VIAJEROS!

¡ENCONTRAD LA LLAVE PERDIDA DE WALLY!

¡ENCONTRAD EL HUESO PERDIDO DE WOOF!

¡ENCONTRAD LA CÁMARA PERDIDA DE WENDA!

¡ENCONTRAD EL PERGAMINO DEL MAGO BARBABLANCA!

¡ENCONTRAD LOS PRISMÁTICOS PERDIDOS DE ODLAW!

LAS BUENAS OBRAS DE ODLAW

RELATOS CLÁSICOS DE LA LITERATURA

ÉRASE UNA VEZ...

- Elena de Troya y Paris
- Rudyard Kipling y el *Libro de la Selva*
- Un hombre con un pato
- Un hombre con hipo
- Un centauro que va de compras
- Música saliendo de un grifo
- Un peso de una tonelada
- Un hombre leyendo un libro antiguo
- Un hombre con dos tenedores
- Un hombre barbudo con caramelos
- Un soldado de cabeza redonda
- Un hipopótamo
- Un hombre agitando una lanza y una ballesta
- Una mujer con dos espadas
- Un hombre con una bandeja de galletas
- Una mujer con dos jaulas
- Dos hombres con dos bebés en brazos
- Un hombre batiendo crema
- Un hombre haciendo una tortilla
- Un soldado con dos camiones
- Un pintor que silva
- La reina de corazones
- Un hombre con una carta en la mano
- Un cohete despegando
- Dos caballeros en plena guerra de las rosas
- El duque de Wellington con unas botas de agua

EL COMBATE DE LAS FRUTAS

- Años enlatados
- Dos manos con muchos años
- Manzanas rehusando asistencia médica
- Seis manzanas-cangrejo
- Cuatro naranjas marineras
- Arándanos con gorras azules
- Un kiwi
- Una banana saltarina
- Una piña americana
- Tres frutas bufón
- Un cuenco de frutas
- Cuatro miniserruchos
- Una naranja derribando el carro de frutas
- Un bananero
- Manzanas cocineras
- Vino de cerezas
- Siete cerezas furiosas
- Tres gansos cargados
- Manzanas en un corral
- Una perdiz en un peral
- Una cola de gallo con frutas
- Dos mitades de melocotón
- La Gran Manzana
- Una manzana sin barba
- Dos zarpas
- Otro ataque a un carro de frutas

EL JUEGO DE LOS JUEGOS

- Maletas-escalera
- Maíz en el laberinto
- Un crucigrama
- Escaleras volantes
- Un mapa que lee
- Un jugador aplastando un dado
- Una cuerda paseándose
- Cinco árbitros con los brazos cruzados
- Un jugador con un compás
- Un jugador tirando un seis
- Un jugador que no lleva guantes
- Un guante perdido
- Otro guante perdido
- Una pieza de rompecabezas oculta
- Un mal matemático
- Ocho palas
- Veintinueve aros o anillas
- Un interrogante al revés en una túnica
- Dos cubos de pintura
- Un jugador azul con un cubo verde
- Un jugador con un imán
- Cinco jugadores llorando con pañuelos
- Dos jugadores leyendo el periódico
- Una señal de humo
- Tres jugadores con cosquillas
- Ocho mensajes en una botella

¡JUGUETES! ¡JUGUETES! ¡JUGUETES!

- Dos peonzas girando y una hilando
- Una sota de corazones en una caja
- Un hombre llamado Jack en una caja
- Un soldado que está siendo decorado
- Un soldado vestido de mujer
- Una taladradora
- Un pez en un tanque
- Cuatro biberones
- Dos anclas
- Un esquiador
- Una pizarra
- Una carretilla
- Un nido de cuervos
- Un sujetalibros con manzanas
- Una portería
- Cinco grandes libros rojos
- Un oso de peluche sobre un caballo de juguete
- Un músico de juguete que toca las maracas
- Un equilibrista que mantiene dos sillas en el aire
- Cinco escaleras de madera
- Una jirafa con una bufanda de rayas rojas y blancas
- Un pirata que lleva un tonel
- Juguetes trepando por una larga bufanda
- Un osito con una bufanda verde
- Dos jirafas en el arca
- Un robot con una bandeja roja

EL ATAQUE DE LOS MONSTRUOS

- Lamparitas andantes
- Luces manchadas de limo
- Una barca remando
- Un pulpo
- Luz de luna
- Lamparillas en una escalera
- Una casa muy liviana
- Una lámpara para Monday
- Una barca de pesca
- Una bandera con una lámpara
- Un árbol de Navidad
- Un boxeador de peso pluma
- Luz de estrella
- Una luz al final del túnel
- Luces del espectáculo
- Una barca motorizada
- Un hombre sobre un tablón
- Un tablón que se zambulle
- Una vela andante
- Una cama
- Una C en una balsa
- Un farolillo chino
- Un foco-vigía
- Un dragón dormido
- Un espejo
- Cuatro marineros mirando por telescopios

LA FÁBRICA DE PASTELES

- Un muelle de carga
- Cintas transportadoras
- Dos bizcochos daneses
- Un hombre-galleta
- Dos hombres soplando cornetes
- Jarabe de arce
- Panecillos de pascua
- Una cocinera con un abanico
- Un brazo de gitano rodante
- Cacerolas en un pastel
- Un alce de chocolate
- Dos platos de crema boxeando
- Tarta de manzana
- Un bosque decorando un pastel
- Un pez
- Bizcochos de piedra
- Cosquillas y tuercas
- Una gran nuez
- Un trineo
- Dos varitas mágicas
- Un barquito de vapor
- Un señor haciendo la vertical
- Tarta de zanahoria
- Una taza andante
- Dos esponjas-pastel
- Un serrucho

EL JUEGO DE LOS JUEGOS

¿ENCONTRAR AL ÚNICO DEL EQUIPO NARANJA QUE YA HA ACABADO? ¿Y AL DEL EQUIPO VERDE QUE TODAVÍA NO HA EMPEZADO?

CUATRO GRANDES EQUIPOS JUEGAN A LOS JUEGOS. LOS ÁRBITROS INTENTAN QUE NADIE SE SALTE LAS REGLAS. ENTRE LA SALIDA, EN LO ALTO DE LA PÁGINA, Y LA LLEGADA, AL PIE, HAY CANTIDADES DE PUZLES, TRAMPAS Y PRUEBAS. ¡EL EQUIPO VERDE CASI CONSIGUE GANAR, Y EL EQUIPO NARANJA APENAS HA EMPEZADO! ¿PODÉIS

¡JUGUETES, JUGUETES, JUGUETES!

¡GUAU! ¡LOS JUGUETITOS HAN SALIDO DE SUS CAJAS PARA EXPLORAR LA SALA DE JUEGOS! LOS LIBROS SON DEMASIADO GRANDES COMO PARA PODER LEERLOS... ¡PERO EL DE COLOR VERDE SIRVE COMO UN ESPLÉNDIDO CAMPO DE FÚTBOL! Y EL PUNTO ES UN EXCELENTE TOBOGÁN. ¿PODÉIS ENCONTRAR A UN OSITO QUE DESPEGA EN UN AVIÓN DE PAPEL? ¿Y A UN

DINOSAURIO PERSIGUIENDO A UN TROGLODITA? ¡MENUDA JUERGA! ¡TAL VEZ LOS JUGUETES SIEMPRE SE COMPORTAN ASÍ CUANDO NADIE ESTÁ MIRANDO!

LA FÁBRICA DE PASTELES

¡Hummm! ¡Oled las deliciosas tartas cociéndose! ¡Sentid cómo se os hace la boca agua ante los deliciosos pasteles! ¿Podéis encontrar un pastel en forma de tetera, otro que es como una casa y otro que es tan grande que uno del piso superior lo está lamiendo? ¡Pasteles, pasteles de

rechupete! ¡Contemplad las relucientes capas de azúcar y cerezas! Aquí trabajan los controladores de la fábrica, pero... ¿acaso han perdido el control?

UNA BATALLA MUSICAL

BUMM, BUMM, BAABOOMMM! ESCUCHAD LOS TAMBORES. UN EXTRAÑO EJÉRCITO DE MÚSICOS DE BANDAS MUNICIPALES SE DIRIGE HACIA EL CASTILLO DE LAS BANDAS MILITARES. LLEVAN DISFRACES DE ANIMALES. ¿PODÉIS ENCONTRAR A LOS REGIMIENTOS PATO, OSO Y ELEFANTE? A ALGUNOS DE LOS MÚSICOS LOS EMPUJAN EN SUS ESTRADOS,

OTROS POR ESCALERAS HECHAS CON NOTAS MUSICALES. ¡JA, JA, JA! ¡QUÉ BATALLA MÁS ESPLÉNDIDA! ¡BUUUU! ¡Y QUÉ MAL SUENA!

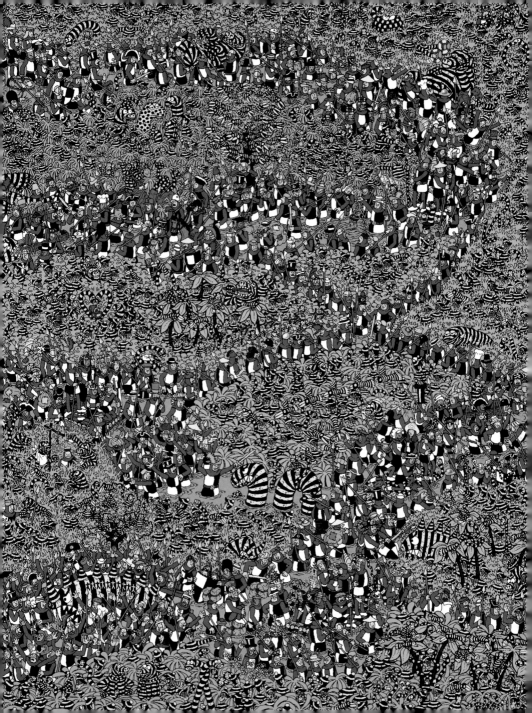

EL JARDÍN FANTÁSTICO

¡GUAU! ¡QUÉ BRILLANTE Y MAREANTE VERDE ESPECTÁCULO! LAS FLORES ESTÁN EN TODO SU ESPLENDOR. Y HAY MONTONES DE JARDINEROS CUIDÁNDOLAS Y REGÁNDOLAS. ¡LOS VESTIDOS DE PÉTALOS QUE LLEVAN LES HACEN PARECER FLORES A ELLOS MISMOS! TAMBIÉN HAY HORTALIZAS. ¿CUÁNTOS

TIPOS DIFERENTES PODÉIS ENCONTRAR? ¡OLED EL AIRE, SEGUIDORES DE WALLY! ¡OLED LAS FANTÁSTICAS FRAGANCIAS! ¡UNA DELICIA PARA LA NARIZ Y PARA LOS OJOS!

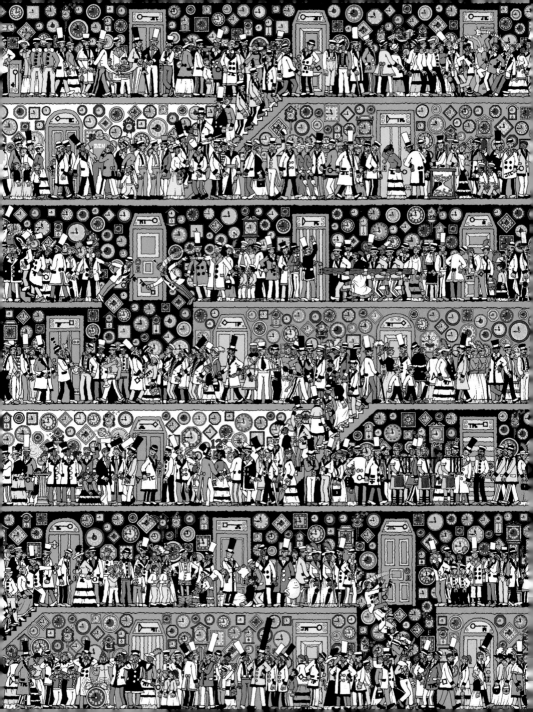

LA GALERÍA DEL TIEMPO

- [ ] Un reloj dando las doce
- [ ] Un huevo con un reloj
- [ ] Relojes de pared y un reloj con mucha cara
- [ ] Un despertador muy ruidoso
- [ ] Relojes viajeros
- [ ] Una carrera contrarreloj
- [ ] Números romanos
- [ ] El tiempo vuela
- [ ] Un reloj de arena
- [ ] El Big Ben
- [ ] Un anciano con un reloj de arena
- [ ] Un bastón andante
- [ ] Treinta y seis pares de gemelos casi idénticos
- [ ] Un par de gemelos idénticos
- [ ] Tirantes de un hombre siendo tirado en ambas direcciones
- [ ] Unos tirantes muy tirantes
- [ ] Dos fracs anudados
- [ ] Una puerta con trece relojes a los lados
- [ ] Un sombrero de copa muy alto
- [ ] Un reloj de sol
- [ ] Dos paraguas enganchados
- [ ] Un reloj de cuco
- [ ] Dos bastones enredados

LA BATALLA MUSICAL

- [ ] Una banda de goma
- [ ] Un piano de cola
- [ ] Músicos que tocan con cañerías
- [ ] Un trombón futbolista
- [ ] Una feria en miniatura
- [ ] Unas baquetas hechas de tambores
- [ ] Bolsas con teléfonos
- [ ] Una banda de metal
- [ ] Una portezuela
- [ ] «Música para dormir»
- [ ] Tres tambores atleta
- [ ] Una banda petrificada
- [ ] Dos marmitas
- [ ] Un órgano
- [ ] Un bebé tocando el sitar
- [ ] Un hombre orquesta
- [ ] Un trombón francés
- [ ] Un órgano en un tonel
- [ ] Arcos de violín con lazos rosas
- [ ] Un conjunto de rock
- [ ] Helados musicales
- [ ] Elefantes llevando un baúl
- [ ] Músicos reparando un tambor
- [ ] El foso de la orquesta
- [ ] Un bolso-gaita
- [ ] Músicos disfrazados de leopardo

LA CIUDAD DE LOS PAYASOS

- [ ] Un payaso leyendo el periódico
- [ ] Un paraguas estrellado
- [ ] Un payaso con una tetera azul
- [ ] Dos mangueras con goteras
- [ ] Un payaso con dos aros en cada brazo
- [ ] Un payaso mirando por un telescopio
- [ ] Dos payasos con mazas enormes
- [ ] Un payaso con una bolsa de petardos
- [ ] Dos payasos sosteniendo una maceta de flores
- [ ] Un payaso golpeando con una almohada
- [ ] Payasos con camisetas estampadas con tazas de té
- [ ] Un payaso peinando el tejado de una casa
- [ ] Un payaso pinchando un globo
- [ ] Seis flores mojando al mismo payaso
- [ ] Un payaso con un sombrero sorpresa
- [ ] Tres coches
- [ ] Tres regaderas
- [ ] Un payaso con una caña de pescar
- [ ] Dos payasos unidos por el sombrero
- [ ] Un payaso a punto de lanzar una tarta
- [ ] Tres payasos con cubos de agua
- [ ] Un payaso con un yoyó
- [ ] Un payaso pisando una tarta
- [ ] Diecisiete nubes
- [ ] Un payaso con cosquillas en el pie
- [ ] Un payaso con la nariz verde

EL PAÍS DE LOS WOOF

- [ ] Galletas con forma de perro
- [ ] Un perro en lo alto de una montaña
- [ ] Un perro abanicándose
- [ ] Un autobús en miniatura
- [ ] Perros dentro de unas cestas
- [ ] Dos maletas nadadoras
- [ ] Un perro pastor
- [ ] Un perro que lleva reloj
- [ ] Un perro a lomos de un toro
- [ ] Un casco vikingo
- [ ] Un perro guardián
- [ ] Un perro con traje
- [ ] Trajes de baño
- [ ] Un perro con collar rojo
- [ ] Un perro con un collar amarillo y una chapa azul
- [ ] Un perro con una borla azul en el gorro
- [ ] Un perro campeón
- [ ] Un perro salchicha con salchichas
- [ ] Un perro con un collar azul y una chapa verde
- [ ] Un gato disfrazado de Woof
- [ ] La piscina de los cachorros
- [ ] Un perro haciendo la vertical
- [ ] Un perro escocés
- [ ] Dos perros que reciben un masaje
- [ ] Un perro olfateando
- [ ] Veintidós toallas a rayas rojas y blancas

LA CIÉNAGA DE ODLAW

- [ ] Dos hombres disfrazados de Odlaw
- [ ] Un hombre con un sombrero filipino
- [ ] Un hombre con un nido sobre el sombrero
- [ ] Un hombre con casco de montar
- [ ] Un hombre con un sombrero de paja
- [ ] Tres hombres con sombreros nevados
- [ ] Dos hombres con cascos de fútbol americano
- [ ] Un hombre con dos grandes plumas en el sombrero
- [ ] Dos hombres con cascos de fútbol americano
- [ ] Dos hombres con gorras de béisbol
- [ ] Un escudo grande junto a uno pequeño
- [ ] Una mujer con un sol en el sombrero
- [ ] Serpientes con sonajero
- [ ] 5 serpientes románticas
- [ ] 7 balsas de madera
- [ ] 3 pequeñas barcas de madera
- [ ] 4 nidos de pájaros
- [ ] Un polluelo saliendo del cascarón
- [ ] Una criatura del pantano sin rayas
- [ ] Un sombrero «10»
- [ ] Un monstruo limpiándose los dientes
- [ ] Un huevo de serpiente roto por una lanza
- [ ] Un soldado que flota sobre un paquete
- [ ] Un teléfono-serpiente
- [ ] 2 serpientes encantadas
- [ ] Una serpiente leyendo

EL JARDÍN FANTÁSTICO

- [ ] La rosa amarilla de Texas
- [ ] Cazos decorados con flores y ocho camas
- [ ] Mantequilla con alas
- [ ] Jardineros que cosen
- [ ] Guardería de flores
- [ ] Un pájaro tomando un baño
- [ ] Una urbanización en dos macetas
- [ ] Un león muy elegante, un zorro y un tigre
- [ ] Una barrera de flores y un espectáculo floral
- [ ] Un erizo
- [ ] Un repollo y una coliflor
- [ ] Una rana a lomos de un búfalo
- [ ] Gusanos de Tierra
- [ ] Una carretilla cargada de ruedas
- [ ] Ocho grillos
- [ ] Perejil, romero y tomillo
- [ ] Una abeja reina
- [ ] Un paisaje jardinero
- [ ] Un reloj de sol
- [ ] Un conjunto musical
- [ ] Un invernadero
- [ ] Una cebolla saltarina
- [ ] Ratones en las puertas
- [ ] Un manzano
- [ ] Sauces llorones y un rosal trepador
- [ ] Un billar

★ ¡HACER EL PAYASO! ★

¡Ja, ja, ja! ¡Qué chiste! El payaso que sigue a Wally y sus amigos hasta el final del libro lleva un gorro cuya cinta cambia de color en una sola lámina. ¿Seréis capaces de encontrarla y averiguar de qué color es?

Publicado originalmente en 2008 por Walker Books Ltd.
Título original: *Where's Wally? The Ultimate Travel Collection*

1.ª edición: septiembre 2019

Estos libros fueron anteriormente publicados de forma individual
¿Dónde está Wally?
Traducción: Enrique Sánchez Abulí
¿Dónde está Wally ahora?
Traducción: Enrique Sánchez Abulí y Equipo PRH
¿Dónde está Wally? El viaje fantástico
Traducción: Enrique Sánchez Abulí y Equipo PRH
¿Dónde está Wally? En Hollywood
Traducción: Jaume Ribera
¿Dónde está Wally? El libro mágico
Traducción: Jaume Ribera

ISBN: 978-84-17424-95-4

BL 2 4 9 5 4

Printed in China